城市轨道交通信号设备

林瑜筠　主编
束　元　主审

中国铁道出版社有限公司

2022・北　京

内 容 简 介

本书全面讲述城市轨道交通信号系统的基本组成和基本原理，分为城市轨道交通信号设备概述、信号基础设备（继电器、信号机、转辙机、轨道电路、计轴器、应答器）、联锁系统、列车自动控制系统（ATC）、单轨信号系统。

本书可作为高等学校城市轨道交通运营管理类专业教学用书，也可作为中等职业教育相关专业的教学参考用书。

图书在版编目(CIP)数据

城市轨道交通信号设备/林瑜筠主编. —北京：中国铁道出版社，2018.1(2022.8重印)

ISBN 978-7-113-24239-8

Ⅰ.①城…　Ⅱ.①林…　Ⅲ.①城市铁路－交通信号－信号设备　Ⅳ.①U239.5

中国版本图书馆CIP数据核字(2018)第010218号

书　　名：城市轨道交通信号设备
作　　者：林瑜筠

责任编辑：徐　清　　**编辑部电话：**(010)51873147　　**电子邮箱：**357716058@qq.com
封面设计：郑春鹏
责任校对：焦桂荣
责任印制：高春晓

出版发行：中国铁道出版社有限公司(100054，北京市西城区右安门西街8号)
网　　址：http://www.tdpress.com
印　　刷：三河市宏盛印务有限公司
版　　次：2018年1月第1版　2022年8月第3次印刷
开　　本：710 mm×1 000 mm 1/16　**印张：**11.5　**字数：**211千
书　　号：ISBN 978-7-113-24239-8
定　　价：30.00元

前言

城市轨道交通(包括地下铁道和轻轨交通)具有运量大、速度快、安全可靠、污染轻、受其他交通方式干扰小等特点,对改善城市交通拥挤、乘车困难、行车速度下降、空气污染是行之有效的。因此,城市轨道交通是现代化都市所必需的。20世纪90年代以来,我国城市轨道交通加快了建设步伐,尤其是进入21世纪,迎来了城市轨道交通建设的高潮。我国城市轨道交通呈现着十分广阔的发展前景。

在城市轨道交通的各项设备中,信号设备是非常重要和关键的设备,具有不可替代的作用。城市轨道交通的安全、速度、输送能力和效率与信号系统采用的设备密切相关。信号系统不仅是城市轨道交通安全运行的保证,而且实际上已成为城市轨道交通调度指挥和运营管理的中枢神经。选择合适的信号系统可以获得较好的经济效益和社会效益。因此,采用ATC(列车自动控制系统)已成为城市轨道交通的共同选择。城市轨道交通信号系统的技术含量高,具有网络化、综合化、数字化、智能化的现代化系统的技术特征。

全书分城市轨道交通信号设备概述、信号基础设备(继电器、信号机、转辙机、轨道电路、计轴器、应答器)、联锁系统、列车自动控制系统、单轨交通信号系统(共五章)进行介绍。

第一章城市轨道交通信号设备概述,较全面地介绍城市轨道交通信号设备的概况,帮助读者建立对于城市轨道交通信号系统的清晰概念。

第二章信号基础设备,简要介绍继电器、信号机、转辙机、轨道电路、计轴器、应答器的基本概况。

第三章联锁系统,介绍联锁的基本概念,计算机联锁的基本结构,举例介绍双机热备型和二乘二取二型计算机联锁。

第四章列车自动控制系统(ATC),它是城市轨道交通信号系统的核心和关键，也是本书的重点。先介绍ATP(列车自动防护)、ATO(列车自动运行)、ATS(列车自动监控)的基本原理，再介绍我国城市轨道交通所用的各种ATC系统。虽然基于轨道电路的ATC已不再发展，但是仍有一些线路在运用，故仍作简要介绍。而对于蓬勃发展的CBTC系统，则予以重点介绍。

第五章单轨交通信号系统，简单介绍单轨交通及其信号设备，重点介绍列车自动防护及列车位置检测(ATP/TD)系统。

由于城市轨道交通信号系统制式纷杂，且各具特色，尤其是ATC，尽管我们尽量涵盖，但不可能面面俱到。各地各校在组织学习时，可根据实际需要予以选用和适当补充。

本书由南京铁道职业技术学院林瑜筠主编，南京铁道职业技术学院张厚红、刘慧、刘妮娜，南京铁道信息技术学院王文宁，华东交通大学涂序跃副主编。林瑜筠策划并对全书进行统稿。王文宁编写第一章，张厚红编写第二章，刘慧编写第三章，涂序跃编写第四章，刘妮娜编写第五章。

由于我国城市轨道交通信号系统制式众多，资料难以搜集齐全，再加上编者水平所限，时间仓促，书中不免有错误、疏漏、不妥之处，恳望读者批评指正，以不断提高本书水平，为我国城市轨道交通信号事业的发展尽绵薄之力。

编　者

2017年10月

目录

第一章

城市轨道交通信号设备概述

城市轨道交通信号设备是城市轨道交通的主要技术装备，它担负着指挥列车运行、保证行车安全、提高运输效率的重要任务。现代化的城市轨道交通要求城市轨道交通信号设备的现代化。

第一节　城市轨道交通信号设备的特点

城市轨道交通系统的安全、速度、输送能力和效率与信号系统密切相关，以速度控制为基础的列车自动控制系统已成为城市轨道交通信号系统的共同选择。信号系统实际上已成为城市轨道交通调度指挥和运营管理的中枢神经，选择合适的信号系统，可以带来较好的经济效益和社会效益。

一、城市轨道交通对信号系统的要求

城市轨道交通，尤其是地下铁道因其固有的特点，对其信号系统提出如下要求：

(1)安全性要求高

因城市轨道交通尤其是地下部分隧道空间小，行车密度大，故障排除难度大，若发生事故难以救援，损失将非常严重，所以对行车安全的保证，即对信号系统提出了更高的安全要求。

(2)通过能力大

城市轨道交通一般不设站线，进站列车均停在正线上，先行列车停站时间直接影响后续列车接近车站，所以要求信号设备必须满足通过能力的要求。另一方面，不设站线使列车正常运行的顺序是固定的，有利于实现行车调度自动化。

(3)保证信号显示

城市轨道交通虽然地面信号机少，地下部分背景暗，且不受天气影响，直线地

段瞭望条件好，但曲线地段信号显示距离受到限制，所以在非 ATP/ATO 控制情况下保证信号显示也是一个重要的问题。

(4)抗干扰能力强

城市轨道交通均为直流电力牵引，要求信号设备对其有较强的抗电气化干扰能力。

(5)可靠性高

由于城市轨道交通隧道净空小，且装有带电的牵引接触网或接触轨，行车时不便下洞维修和排除设备故障，所以要求信号设备具有高可靠性，应尽量做到平时不维修或少维修。

(6)自动化程度高

城市轨道交通站间距短，列车密度大，行车工作十分频繁，而且地下部分环境潮湿，空气不佳，没有阳光，工作条件差，所以要求尽量采用自动化程度高的先进技术设备，以减少工作人员，并减轻他们的劳动强度。

(7)限界条件苛刻

城市轨道交通的室外设备及车载设备，受建筑限界的制约，要求设备体积小，同时必须兼顾施工和维护作业空间。

二、城市轨道交通信号系统的特点

城市轨道交通的信号系统沿袭铁路的制式，但有其自身的特点。城市轨道交通信号系统的特点是：

(1)具有完善的列车速度监控功能

城市轨道交通所承担的客运量巨大，最小行车间隔达到 90 s，甚至更小，因此对列车运行速度监控的要求极高。

(2)联锁关系较简单但技术要求高

城市轨道交通的大多数车站没有配线，不设道岔，甚至也不设地面信号机，仅在少数有岔站及车辆段才设置道岔和地面信号机，故联锁设备的监控对象较少，联锁关系不太复杂。除折返站外全部作业仅为乘客乘降，非常简单。通常一个控制中心即可实现全线的联锁功能。

城市轨道交通信号自动控制最大的特点是把联锁关系和 ATP 编/发码功能结合在一起，且包含一些特殊的功能，如自动折返、自动进路、紧急关闭、扣车等，增加了技术难度。

(3)车辆段独立采用联锁设备

城市轨道交通的车辆段功能较多，包括列车编解、接发列车和频繁的调车作业，线路较多，道岔较多，信号设备较多，一般独立采用一套联锁设备。

(4)自动化水平高

由于城市轨道交通的线路长度短,站间距离短,列车种类较少,行车规律性很强,因此它的信号系统中通常包含自动排列进路和运行自动调整的功能,自动化程度高,人工介入极少。

第二节　城市轨道交通信号系统组成

自城市轨道交通问世以来,其安全程度和载客能力不断得到提高,信号系统也不断完善和发展。随着经济的发展,世界各国城市人口急剧膨胀,对城市轨道交通的载客能力提出了越来越高的要求,最重要而有效的措施就是缩短列车运行间隔。在这种情况下,随着计算机技术的飞速发展,城市轨道交通信号技术日趋成熟,成为城市轨道交通不可缺少的组成部分。

城市轨道交通的信号系统通常由列车运行自动控制系统(ATC)和车辆段/停车场(以下统述为车辆段)信号控制系统两大部分组成,用于列车进路控制、列车间隔控制、调度指挥、信息管理、设备工况监测及维护管理,由此构成了一个高效的综合自动化系统,如图 1-1 所示。

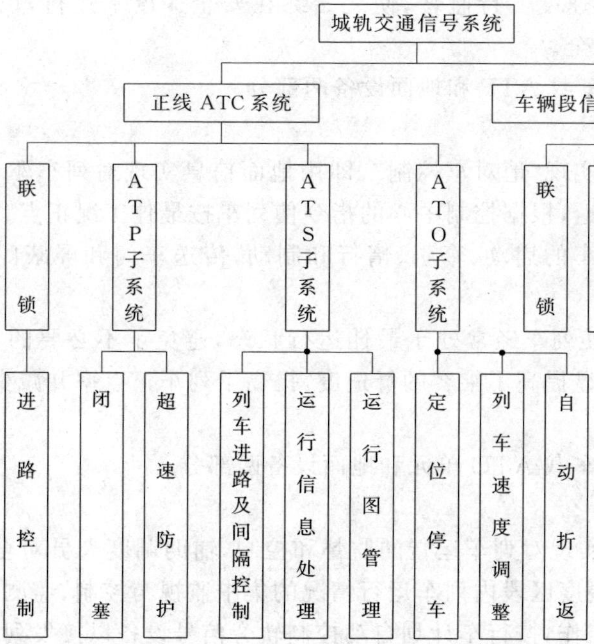

图 1-1　城市轨道交通信号系统框图

一、列车运行自动控制系统

列车运行自动控制系统(ATC)包括列车自动防护(ATP)、列车自动运行(ATO)及列车自动监控(ATS)三个系统，简称“3A”。系统需设置行车控制中心，沿线各车站设计为区域性联锁，其设备放在集中控制站(一般为有岔站)，列车上安装有车载控制设备。控制中心与集中控制站通过有线数据通信网连接，控制中心与列车之间可采用无线通信进行信息交换。ATC系统直接与列车运行有关，因此ATC系统中的数据传输要求比一般通信系统的安全性、可靠性、实时性更高。

1. ATP子系统

ATP子系统的功能是对列车运行进行超速防护，对与安全有关的设备实行监控，实现列车位置检测，保证列车间的安全间隔，保证列车在安全速度下运行，完成信号显示、故障报警、降级提示、列车参数和线路参数的输入，与ATS、ATO及车辆系统接口并进行信息交换。

ATP子系统不断将从地面获得的前行列车位置信息、线路信息、前方目标点的距离和允许速度信息通过轨道电路等传至车上，由车载设备计算得到当前所允许的速度，或由控制中心计算出目标速度传至车上，由车载设备测得实际运行速度，依此来对列车速度实行监督，使之始终在安全速度下运行，以缩短列车运行间隔，保证行车安全。

ATP子系统包括车载ATP和地面设备两部分。

2. ATO子系统

ATO子系统主要实现“地对车控制”，即用地面信息实现对列车驱动、制动的控制，包括列车自动折返，根据控制中心的指令使列车按最佳工况正点、安全、平稳地运行，自动完成对列车的启动、牵引、惰行和制动，传送车门和屏蔽门同步开关信号。

使用ATO后，可使列车经常处于最佳运行状态，避免了不必要的、过于剧烈的加速和减速，因此明显提高了乘客的舒适度，提高了列车正点率并减少了能量消耗和轮轨磨损。

ATO子系统包括车载ATO单元和地面设备两部分。

3. ATS子系统

ATS子系统主要实现对列车运行的监督和控制，辅助调度人员对全线列车进行管理，其功能包括：调度区段内列车运行情况的集中监视与控制，监测进路控制、列车间隔控制设备的工作，按行车计划自动控制轨旁信号设备以接发列车，列车运行实迹的自动记录，时刻表自动生成、显示、修改和优化，运行数据统计及报表自动生成，设备运行状态监测，设备状态及调度员操作记录，运输计划管理等，还具有列车车次号自动传递等功能。

ATS子系统包括控制中心设备和ATS车站、车辆段分机。控制中心ATS设备有中心计算机系统、工作站、显示屏、绘图仪、打印机、UPS等。每个集中控制站设一台ATS分机,用于采集车站设备的信息和传送控制命令,并实现车站进路自动控制功能。车辆段ATS分机用于采集车辆段内库线的列车占用情况及进/出车辆段的列车信号机的状态。

此外,在ATC范围内的各正线集中控制站各设一套联锁设备,用以实现车站进路控制。联锁设备接收车站值班员和ATS控制。考虑到运用的灵活性,正线有岔站原则上独立设置联锁设备,当然也可以采用区域控制方法。

二、车辆段联锁设备

车辆段设一套联锁设备,用以实现车辆段的进路控制,并通过ATS车辆段分机与控制中心交换信息。

车辆段联锁设备采用计算机联锁。

先进的车辆段信号控制系统的特点是信号一体化,包括联锁系统、进路控制设备、接近通知、终端过走防护和车次号传输设备等。这些设备由局域网连接并经过光缆与调度中心相通。列车的整备、维修与运行相互衔接成一个整体,保证了城市轨道交通的高效率和低成本。

车辆段内试车线设若干段与正线相同的ATP和ATO地面设备,用于对车载ATC设备进行静、动态试验。

第三节　城市轨道交通信号系统的地域分布

按地域,城市轨道交通信号设备划分为五部分:控制中心设备、车站及轨旁设备、车辆段设备、试车线设备、车载ATC设备。

一、控制中心设备

控制中心设备属于ATS子系统,是ATC的核心。控制中心设备组成如图1-2所示。

控制中心设备主要包括中心计算机系统、综合显示屏、调度员及调度长工作站、运行图工作站、培训/模拟工作站、绘图仪和打印机、维修工作站、UPS及蓄电池。综合显示屏、调度员及调度长工作站设于主控制室。控制主机、通信处理器、数据库服务器、维修工作站设于设备室。运行图工作站设于运行图室。绘图仪和打印机设于打印室。培训/模拟工作站设于培训室。UPS设于电源室,蓄电池设于蓄电池室。

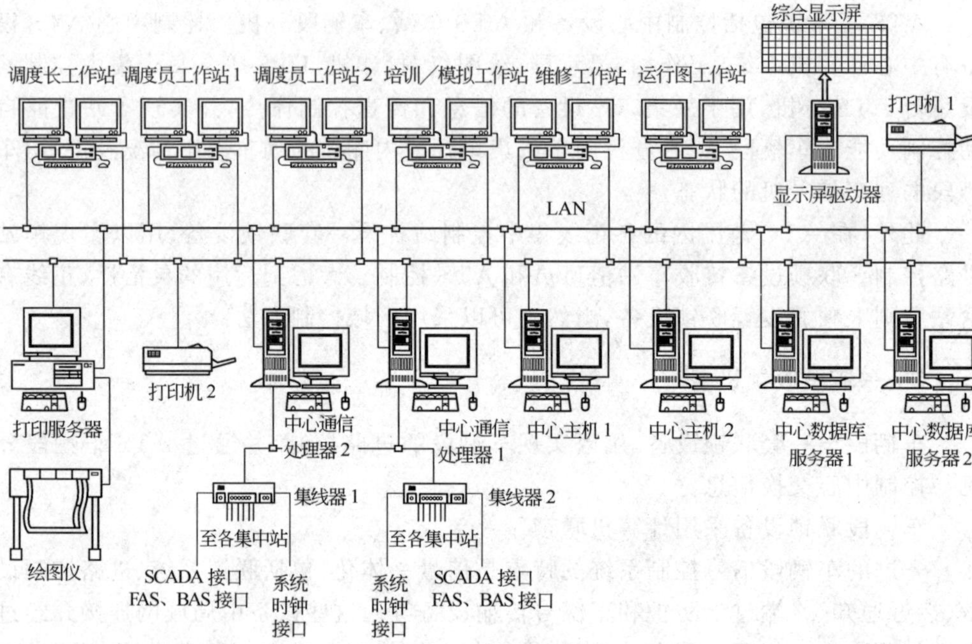

图1-2　控制中心设备

1. 中心计算机系统

中心计算机系统包括控制主机、通信处理器、数据库服务器、局域网及各自的外部设备。为保证系统的可靠性，主要硬件设备均为主/备双套热备方式，可自动或人工切换。系统能满足自动控制、调度员人工控制及车站控制的要求。

2. 综合显示屏

综合显示屏设于控制中心的控制室，用来监视正线列车运行情况及系统设备状态，由显示设备和相应的驱动设备组成。

3. 调度员及调度长工作站

调度员及调度长工作站用于行车调度指挥。

4. 运行图工作站

运行图工作站用于运行计划的编制和修改，通过人机对话可以实现对运行时刻表的编辑、修改及管理。

5. 培训/模拟工作站

培训/模拟工作站配有各种系统的编辑、装配、连接和系统构成工具以及列车运行仿真的软件。它可与调度员工作站显示相同的内容，有相同的控制功能，能仿真列车在线运行及各种异常情况，而不参与实际的列车控制。实习操作员可通过它模拟实际操作，培养系统控制和各种情况下的处理能力。

6. 绘图仪和打印机

彩色绘图仪和彩色激光打印机，用于输出运行图及各种报表。

7. 维修工作站

维修工作站主要用于 ATS 系统的维护、ATC 系统故障报警处理和车站信号设备的监测。

8. UPS 及蓄电池组

控制中心配备在线式 UPS 及可提供 30 min 后备电源的蓄电池组。

近年来，新建轨道交通有的线路设主、备控制中心，它们的设备配置相同，可互相切换。

二、车站及轨旁设备

车站分集中控制站和非集中控制站。集中控制站一般为有道岔车站，也可能是无道岔的车站。非集中控制站一般为无道岔的车站。有道岔车站根据需要和可能也可以由邻近车站控制，而成为非集中控制站。采用基于轨道电路的 ATC 系统的车站信号设备组成如图 1-3 所示。

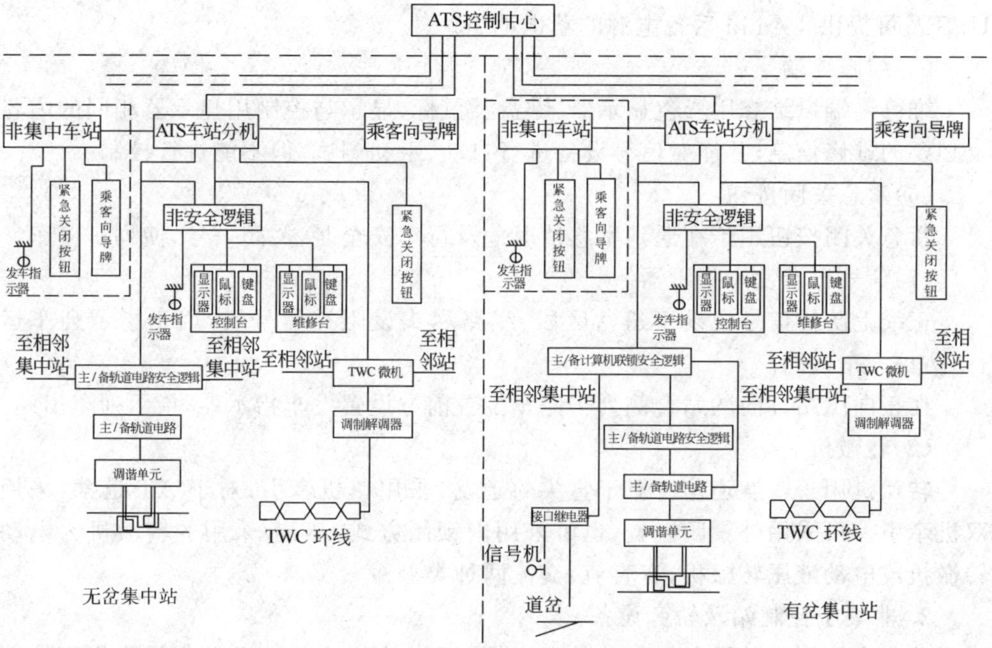

图 1-3　采用基于轨道电路的 ATC 系统的车站信号设备组成示意图

1. 集中控制站及轨旁设备

集中控制站设有ATS车站分机、车站联锁设备、ATP/ATO系统地面设备、电源设备、维修终端、紧急关闭按钮，以及信号机和发车指示器、转辙机。

(1)ATS车站分机

集中控制站设一台ATS分机，用于采集车站设备的信息，接收控制命令，实现车站进路的自动控制。

(2)车站联锁设备

集中控制站设计算机联锁，能接收车站值班员和ATS系统的控制，用以实现车站进路的自动控制。

(3)ATP/ATO系统地面设备

ATP地面设备包括轨道电路或ATP地面编码发码设备，与ATS、ATO、联锁设备的接口，用于实现列车占用的检测和发送ATP信息，实现列车运行超速防护。

当采用基于轨道电路的ATC系统时，ATO地面设备包括站台电缆环路，TWC车地通信设备，以及与ATP、联锁设备的接口设备，用于发送ATO命令，实现列车最佳控制或列车自动驾驶。

(4)电源设备

集中控制车站配备一套适用于联锁设备、ATS、ATP、ATO设备的在线式UPS及可提供15 min后备电源的蓄电池组。

(5)维修终端

维修终端设维修用彩色显示器、键盘及鼠标，显示与控制用显示器相同的内容及必要的维修信息，并能对信号设备进行自动、手动测试，但不能进行控制。

(6)紧急关闭按钮

紧急关闭按钮用于在遇到紧急情况危及行车安全时，关闭信号，使列车停车。

(7)信号机及发车指示器

正线上防护信号机设于道岔区段，线路尽头设阻挡信号机，用于指示列车运行，防护列车进路。

在正向出站方向的站台侧列车停车位置前方设置发车指示器，指示列车出站。

(8)转辙机

转辙机用于转换道岔。对于直尖轨道岔，采用单机牵引；对于AT道岔，采用双机牵引。可采用外锁闭装置，也可采用内锁闭方式。当前采用的转辙机为电动转辙机或电动液压转辙机，有直流、交流两种类型。

2. 非集中控制站及轨旁设备

非集中控制站的设备只有发车指示器、紧急关闭按钮。无道岔的非集中控制站轨旁仅有轨道电路的耦合单元或计轴器等。有道岔的非集中控制站除了轨旁的耦合单元或计轴器外，还有防护信号机和转辙机。

三、车辆段设备

车辆段信号设备包括ATS分机、车辆段终端、联锁设备、维修终端、信号机、转辙机、轨道电路、电源设备，其构成如图1-4所示。

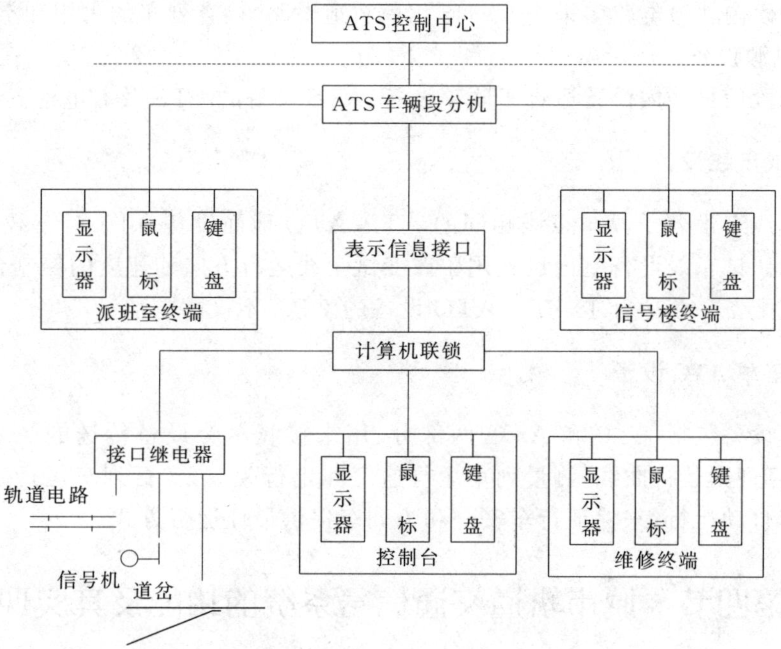

图1-4　车辆段设备示意图

1. ATS分机

车辆段设一台ATS分机，用于采集车辆段内存车库线的列车占用及进/出车辆段的列车信号机的状态，以在控制中心显示屏上给出以上信息的显示。

2. 车辆段终端

车辆段派班室和信号楼控制台室各设一台终端，与车辆段ATS分机相连。

3. 联锁设备

车辆段设一套联锁设备，实现车辆段的进路控制，并通过ATS分机与控制中心交换信息。联锁设备只受车辆段值班员人工控制。

4. 维修终端

设备室内设维修用彩色显示器、键盘及鼠标，显示与控制室相同的内容及维修、监测有关信息，并能对信号设备进行自动或手动测试，但不能控制进路。

5. 信号机

车辆段入口处设进段信号机，出口处设出段信号机，存车库线中间进段方向设列车阻挡信号机，段内其他地点根据需要设调车信号机。

6. 转辙机

车辆段内每组道岔设一台电动转辙机或电动液压转辙机。

7. 轨道电路

车辆段内轨道电路多采用 50 Hz 相敏轨道电路，检查列车的占用和空闲。

8. 电源设备

车辆段信号楼内设置适合于联锁设备、ATS 设备的 UPS 及蓄电池。

四、试车线设备

试车线上设若干段与正线相同的 ATP/ATO 地面设备，用于对车载 ATC 设备的试验。试车线设备室内设置用于改变试车线运行方向和速度的控制台。试车线设备室配备一套适合于 ATP/ATO 设备的 UPS，不设蓄电池。

五、车载 ATC 设备

车载设备包括 ATP 和 ATO 两部分，用来接收轨旁设备传送的 ATP/ATO 信息，计算列车运行曲线，测量列车运行速度和走行距离，实行列车运行超速防护以及列车自动运行，来保证行车安全和为列车提供最佳运行方式。

第四节　城市轨道交通信号系统的功能及其实现

城市轨道交通信号系统的功能与铁路一样，主要包括联锁、闭塞、列车控制和调度指挥四方面，由 ATC 系统和车辆段联锁设备完成。

一、联锁及其实现

联锁是车站范围内进路、信号、道岔之间互相制约的关系，它们之间必须建立严密的联锁关系，才能确保行车安全。

联锁的基本内容是：

(1)进路上各道岔位置必须正确且被锁闭，进路空闲，敌对进路未建立且被锁闭在未建立状态，防护该进路的信号机才能开放。

(2)信号机开放后，它们防护的进路上的各道岔不能转换，与该进路敌对的所有进路不能建立。

联锁由联锁设备完成，目前均采用电气的方法实现集中联锁，对信号机和转辙机进行自动控制和远距离控制。联锁设备采用计算机逻辑判断的方法完成联锁关系，称为计算机联锁。

正线上的集中控制站包括本站及其所控制的非集中站的道岔和信号机由设于该站的联锁设备控制，其除了实现联锁关系外，还将其联锁的有关信息传送至ATP/ATO系统，并接收ATS系统的命令。

车辆段的信号机和道岔由车辆段的联锁设备控制。

二、闭塞及其实现

两站之间的线路称为区间，通常区间分为若干个闭塞分区。列车在区间运行，必须在运行前方闭塞分区空闲的情况下，而且必须杜绝其对向和同向同时有列车运行的可能，即必须从列车的头部和尾部进行防护。这种为确保列车在区间运行安全而采取一定措施的方法称为行车闭塞法，简称闭塞。用以实现闭塞作用的设备称为闭塞设备。在双线单方向运行时，闭塞作用主要是保证列车之间的安全间隔。

在城市轨道交通中，闭塞作用均由列车运行自动完成，故为自动闭塞，由于采用了ATC系统，各个闭塞分区均可不设通过信号机，而由车载ATP系统予以显示。闭塞作用由ATP系统完成，没有专门的闭塞设备。

按照闭塞实现的方式，城市轨道交通ATP设备的闭塞制式可分为固定闭塞、移动闭塞和介于两者之间的准移动闭塞。

三、列车控制及其实现

列车控制包括列车进路控制和列车速度控制，列车进路控制由联锁设备实现，列车速度控制由ATC系统实现。ATC系统分为ATP和ATO两个技术层次。

ATP，即列车运行超速防护或列车速度监督系统，其主要功能是对列车运行进行超速防护，保证列车间的安全间隔，保证列车在安全速度下运行。ATP子系统不断将来自联锁设备和操作层面上的信息、线路信息、前方目标点的距离和允许速度信息等从地面通过轨道电路，或感应环线，或无线等传至车上，由车载设备计算得到当前所允许的速度，并测得实际运行速度。当列车速度超过ATP装置所指示的速度时，ATP的车上设备就发出制动命令，使列车自动地制动。

ATO，即列车自动运行，它不仅对列车进行制动的控制，而且对列车进行驱动控制，使列车经常处于最佳运行状态。

此外，检测列车位置、停车点防护、临时限速、自动折返、车门控制、记录司机操作等也由ATP/ATO系统实现。

四、行车调度指挥及其实现

行车调度指挥主要包括列车跟踪、列车运行实迹的自动记录、时刻表管理、自动排列进路、列车运行自动调整，这些都由 ATS 系统实现。

ATS 系统在 ATP 和 ATO 系统的支持下，根据运行时刻表完成对列车运行的自动监控，可自动或人工监督和控制正线（车辆段、试车线除外），以及向调度员和外部系统提供信息。

此外，还有列车运行和设备状态自动监视、调度员操作与设备状态记录、运行数据统计及报表自动生成、运输计划管理、统计处理、列车车次号自动传递、车辆修程及乘务员管理、系统故障复原处理、列车调度模拟及培训、乘客向导信息提供等，也由 ATS 系统实现。

复习思考题

1. 城市轨道交通对信号系统有哪些要求？
2. 城市轨道交通有哪些特点？
3. 城市轨道交通信号系统有哪些系统组成？各起什么作用？
4. 简述控制中心信号设备的组成。
5. 简述车站信号设备的组成。集中控制站和非集中控制站有何区别？
6. 简述车辆段信号设备的组成。
7. 城市轨道交通的联锁功能如何实现？
8. 城市轨道交通的闭塞功能如何实现？
9. 城市轨道交通列车运行速度如何控制？
10. 城市轨道交通的行车调度指挥如何实现？

第二章 信号基础设备

城市轨道交通信号基础设备包括继电器、信号机、转辙机、轨道电路、计轴器、应答器等，它们是城市轨道交通信号系统的重要基础设备，它们的运用质量和可靠性是信号系统正常运行和充分发挥效能的保证。

第一节　信号继电器

继电器是自动控制系统中常用的电器，用于接通和断开电路，用以发布控制命令和反映设备状态，以构成自动控制和远程控制电路。城市轨道交通信号技术中广泛采用继电器，称为信号继电器（在信号系统中，可简称继电器），是城市轨道交通信号技术中的重要部件。继电器动作的可靠性直接影响到信号系统的可靠性和安全性。

一、继电器的基本原理

继电器是一种电励开关。继电器类型很多，性能各不相同，结构形式各种各样，但都由电磁系统和接点系统两大主要部分组成。其由电磁系统（线圈、固定的铁芯和轭铁以及可动的衔铁）和接点系统（动接点和静接点）构成。在线圈中通入一定数值的电流后，由电磁作用或感应方法产生电磁吸引力，吸引衔铁，衔铁带动接点系统，改变其状态，来反映输入电流的状况。

最简单的电磁继电器如图 2-1 所示。它就是一个带接点的电磁铁，其动作原理也与电磁铁相似。给线圈中通以一定数值的电流后，在衔铁和铁芯之间就产生一定数量的磁通，该磁通经铁芯、衔铁、轭铁和气隙形成一个闭合磁路，铁芯对衔铁就产生了吸引力。吸引力大小取决于所通电流的大小。当电流增大到一定值，吸引力增大到能克服衔铁向铁芯运动的阻力时（主要是衔铁自重），衔铁就被吸向铁芯。由衔铁带动的动接点（随衔铁一起动作的接点）也随之动作，与动合接点（前接点）接通。此状态称为继电器励磁吸起（简称吸起）。

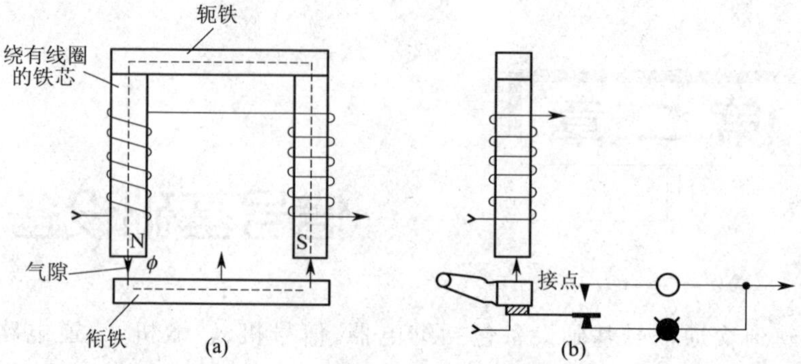

图 2-1 电磁继电器的基本原理

吸引力随电流的减小而减小，当吸引力减小到不足以克服衔铁重力时衔铁靠自重落下（称为释放），衔铁带动动接点与前接点断开，与动断接点（后接点）接通。此状态称为继电器失磁落下（简称落下）。

可见，继电器具有开关特性，可利用它的接点通、断电路，构成各种控制和表示电路。例如可构成图 2-1 中的信号点灯电路，前接点接通点亮绿灯，后接点接通点亮红灯。

二、继电器的作用

继电器由于具有继电特性，能以极小的电信号来控制执行电路中相当大的对象，能控制数个对象和数个回路，能控制远距离的对象。由于继电器的这种性能，给自动控制和远程控制创造了便利条件，所以，它广泛应用于城市轨道交通信号系统中。

随着电子技术的迅速发展，电子器件尤其是微型计算机以其速度快、体积小、容量大、功能强等技术优势，在相当大程度上逐渐取代继电器，构成自动控制和远程控制系统，使技术水准大大提高。但是，继电器与电子器件相比，仍具有一定的优势，如开关性能好（闭合时阻抗小，断开时阻抗大），有故障—安全（发生故障时导向安全）性能，能控制多个回路，抗雷击性能强，无噪声，不受周围温度影响等。因此，它仍然具有广阔的应用空间，将长期存在。

信号继电器在以电子元件和计算机构成的系统，如计算机联锁等系统中，作为其接口部件，将系统主机与信号机、轨道电路、转辙机等执行部件结合起来。虽然已出现全电子化的系统，但要全部取消继电器仍然需要相当长的时期。所以，不仅现在，而且未来，信号继电器在城市轨道交通信号技术领域始终起着重要的作用。

三、城市轨道交通对继电器的要求

信号继电器作为城市轨道交通信号系统中的主要（或重要）器件，在运用中的安全、可靠就是保证各种信号设备正常使用的必要条件。为此，城市轨道交通信号对继电器提出了极其严格的要求：

(1)动作必须可靠、准确；

(2)使用寿命长；

(3)有足够的闭合和断开电路的能力；

(4)有稳定的电气特性和时间特性；

(5)在周围介质温度和湿度变化很大的情况下，均能保持很大的电气绝缘强度。

四、安全型继电器

安全型继电器是无需借助于其他继电器，亦无需对其接点在电路中的工作状态进行监督检查，其自身结构即能满足一切安全条件的继电器。

AX 系列安全型继电器，是由我国自行设计和制造的。经几十年的运用考验，证明其安全可靠、性能稳定，能满足信号电路对继电器提出的各种要求。它是我国信号继电器的主要定型产品，也广泛应用于城市轨道交通。

安全型继电器是直流 24 V 系列的重弹力式直流电磁继电器。安全型继电器具有无极、无极加强接点、无极缓放、无极加强接点缓放、整流式、有极、有极加强、偏极、单闭磁等品种。它们的特性和线圈电阻值各不相同，在信号电路中有不同的作用。

为了达到故障—安全要求，安全型继电器在结构采取了一系列措施。

直流无极继电器的电磁系统如图 2-2 所示。无极继电器由电磁系统和接点系统两大部分组成。电磁系统包括线圈、铁芯、轭铁和衔铁，是输入系统。接点系统包括动接点和静接点，是输出系统。

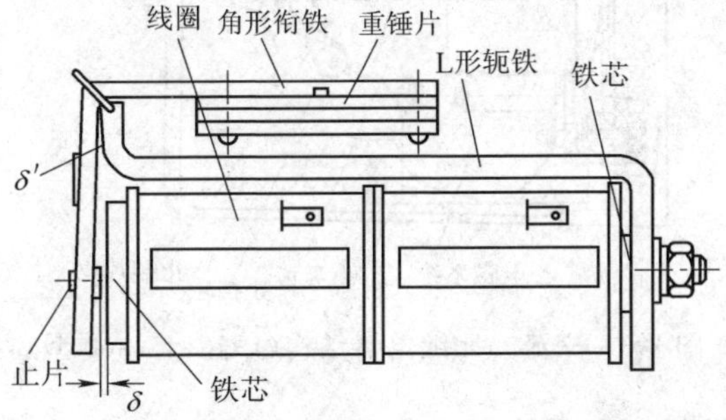

图 2-2　直流无极继电器的电磁系统

在线圈上加上直流电压后，线圈中的电流 I 使铁芯磁化，在铁芯内产生工作磁通 ϕ，它由铁芯极靴处经过主工作气隙 δ 进入衔铁，又经过第二工作气隙 δ' 进入轭铁，然后回到铁芯，形成一闭合回路。在工作气隙 δ 处，由于磁通 ϕ 的作用，铁芯与衔铁间产生电磁吸引力 F_D，当 F_D 大到足以克服机械负载的阻力 F_j（主要是衔铁自重）时，衔铁即与铁芯吸合。此时衔铁通过拉杆带动动接点运动，使后接点断开，前接点闭合。

当线圈中的电流减小时，铁芯中的磁通按一定规律随之减小，吸引力也随着减小。当电流小到一定值时，它所产生的吸引力小于机械力时，衔铁离开铁芯，被释放。此时拉杆带动动接点运动，使前接点断开，后接点闭合。

五、交流二元继电器

交流二元继电器，二元指有两个互相独立又互相作用的交变电磁系统。在城市轨道交通采用直流牵引，交流二元继电器用于 50 Hz 相敏轨道电路中作轨道继电器。它们具有可靠的频率选择性和相位选择性，对于轨端绝缘破损和不平衡造成的干扰能可靠地防护。另外还有动作灵活的翼板转动系统、紧固的整体结构，不仅经久耐用，而且便于维修。

交流二元继电器结构如图 2-3 所示，由电磁系统翼板、接点等主要部件组成。

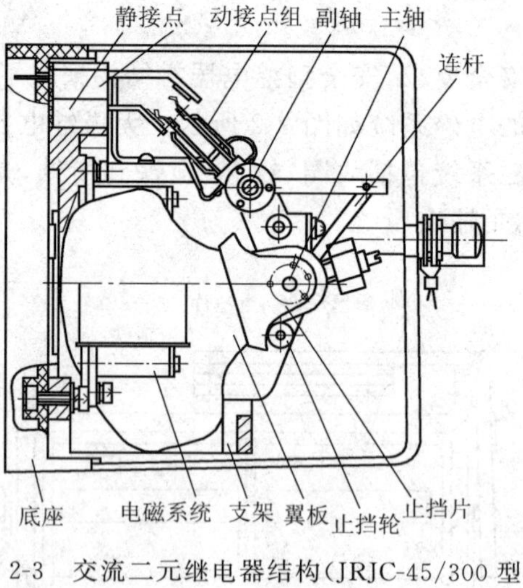

图 2-3 交流二元继电器结构（JRJC-45/300 型）

电磁系统包括局部电磁系统和轨道电磁系统。局部电磁系统由局部铁芯和局部线圈组成。轨道电磁系统由轨道铁芯和轨道线圈组成。

翼板是将电磁系统的能量转换为机械能的关键部件。

动接点固定在副轴上，主轴通过连杆带动副轴上的动杆单元使动接点动作。

只有局部电源超过轨道电源 90°时，在翼板上才能得到正方向转矩，接通前接点。这就是交流二元继电器所具有的可靠的相位选择性，由此可解决轨端绝缘破损的防护问题。

当轨道线圈混入干扰电流时，翼板不产生转矩，不能使继电器误动。这就是交流二元继电器所具有的可靠的频率选择性，不仅可以防止牵引电流的干扰，而且对于其他频率的电流也有同样的作用。

第二节　信　号　机

城市轨道交通采用色灯信号机。除了车辆段和有岔站外，一般不设地面信号机。在城市轨道交通中，允许信号的绿灯、黄灯指示列车的运行进路是走道岔直股还是弯股，没有速度含义。

一、色灯信号机

城市轨道交通现普遍采用 LED 信号机。

1. LED 信号机的结构

LED 信号机由铝合金信号机构、LED 发光盘和发光盘专用点灯装置组成。

(1)铝合金信号机构

铝合金信号机构分为高柱、半高柱机构和矮型机构。

高柱、半高柱信号机构由背板总成、箱体总成、遮檐和悬挂装置四部分组成。

背板总成带有背板，并用来安装箱体总成。背板总成分为二灯位背板总成和三灯位背板总成两种。两种背板总成的高度不同。把每个灯位组装成一个整体称为高柱箱体总成。背板是黑色的，构成较暗的背景，可衬托信号灯光的亮度，改善瞭望条件。矮型信号机没有背板。一般信号机采用圆形背板。

箱体总成也分为二灯位箱体总成和三灯位箱体总成两种。两种机构除背板总成不同外，其余均相同。用两个箱体总成分别固定在二灯位背板总成上，即构成二灯位高柱信号机构。用三个箱体总成分别固定在三灯位背板总成上，即构成三灯位高柱信号机构。

遮檐用螺钉装在机构箱体上的玻璃卡圈上，遮檐用来防止阳光等直射时产生错误的幻影。

悬挂装置将背板总成固定在信号机机柱上。悬挂装置采用现有的上部托架、下部托架等设备。

矮型机构也分为二灯位矮型机构和三灯位矮型机构两种，厂家已按二灯位（或三灯位）组装成一个整体。

（2）LED 发光盘

LED 发光盘是采用发光二极管制成的信号新光源。

发光盘分为高柱发光盘、矮型发光盘和表示器发光盘。

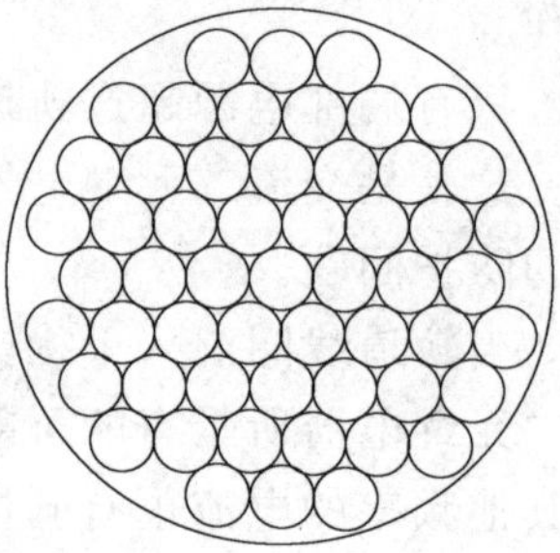

图 2-4　发光盘

发光盘为圆形盘状结构，其上安装众多发光二极管，如图 2-4 所示。

发光盘前罩上有鉴别销，以确认该灯位的颜色。只有发光盘的灯光颜色与该灯位灯箱玻璃卡圈上的鉴别槽相吻合，才能安装。

发光盘前罩上有三个凸出的卡销，用来在安装时对准灯箱玻璃卡圈上的三个卡槽，以安装牢固。

为满足曲线轨道的信号显示，可根据现场实际需要，安装偏散镜片，叠装在需要偏散的高柱发光盘的前面。

发光盘后面有一个凸起的防雷盒。

（3）发光盘专用点灯装置

发光盘专用点灯装置是为配合 LED 发光盘而研发的新一代信号点灯装置，该装置输出的是稳定的 12 V 直流电压，不仅性能稳定可靠，能适用于电压波动较大的区段，而且使用方便，现场不需要调整。

2. LED 信号机的类型

信号机构采用铝合金材料，信号点灯单元是发光二极管组成的发光盘。

LED 信号机有高柱、半高柱和矮型三种类型。高柱、半高柱信号机的机构安装在钢筋混凝土信号机柱上，矮型信号机的机构安装在信号机水泥基础上。

高柱信号机如图 2-5 所示。它由机柱、机构、托架、梯子等部分组成。机柱用于安装机构和梯子。机构的每个灯位配备有相应的发光盘，给出信号显示。托架用来将机构固定在机柱上，每一机构需上、下托架各一个。梯子用于给信号维修人员攀登及作业。

矮型信号机如图 2-6 所示。它用螺栓固定在信号机基础上，没有托架，更不需要梯子。

色灯信号机可构成二显示、三单示和单显示信号机，单机构三显示信号机如图 2-5 所示，二显示信号机如图 2-6 所示。

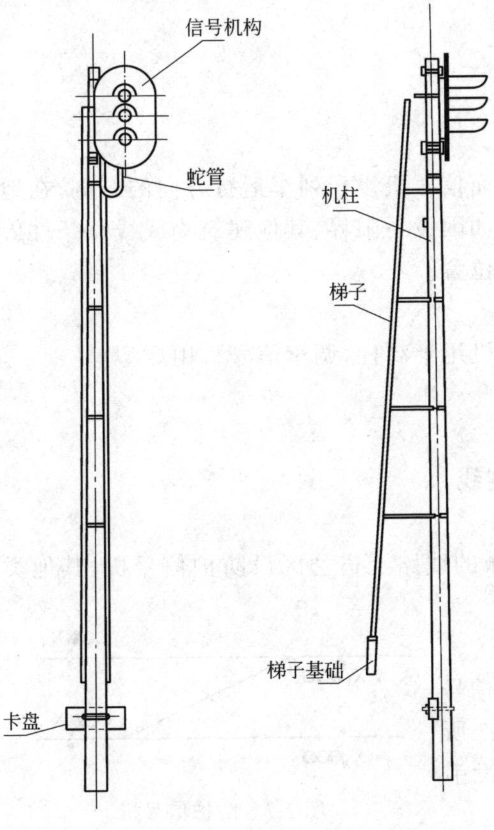

图 2-5　高柱信号机

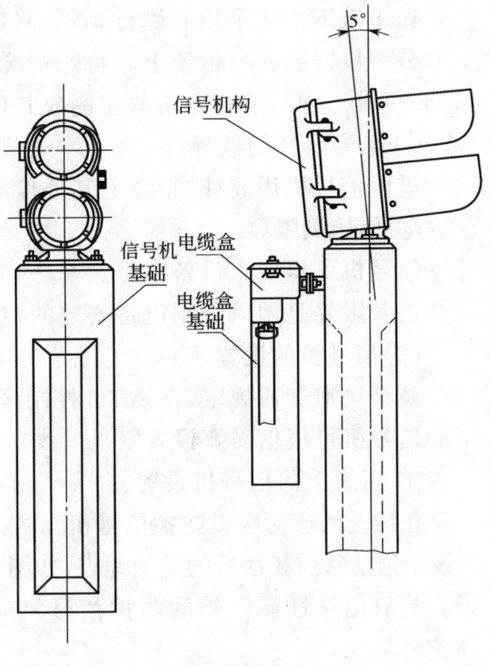

图 2-6　矮型信号机

LED 信号机的每个灯位有遮檐和背板。

3. LED 信号机的优点

LED 信号机构采用轻便、耐腐蚀的单灯铝合金机构，组合灵活、安装简单。显示距离超过 1.5 km 且清晰可辨，使用寿命可达 10^5 h，安全可靠。通过监测控制系统的电流，可监督信号显示系统的工作状态，预警异常情况有助于准确判断故障点，便于及时处理。LED 信号机构重量大大减少，便于施工安装，密封条件好，使用寿命长。用 LED 取代传统的双丝信号灯泡和透镜组，从而彻底消除灯丝断丝这一多发性信号故障，做到免维护，彻底改变了普通信号机定期更换信号灯泡的维修方式，减少维修工作量，节省维修费用。

LED 信号机具有可靠性高、寿命长、节省能源、聚焦稳定、光度性好、无冲击电流等显著优点。

二、轨旁信号机

1. 轨旁信号机的设置

(1)轨旁信号机的设置原则

① 设于列车运行方向右侧

城市轨道交通采用右侧行车制,其地面信号机设于列车运行方向的右侧,在地下部分一般安装在隧道壁上。特殊情况(如因设备限界、其他建筑物或线路条件等影响)可设于列车运行方向的左侧或其他位置。

② 信号机柱的选择

进段信号机用高柱,正线上其他信号机用半高柱,调车信号机用矮型。

③ 信号机限界

信号机不得侵入设备限界。

设备限界是用以限制设备安装的控制线。

(2)信号机的设置

城市轨道交通规定,在 ATC 控制区域的线路上道岔区设防护信号机,其他类型的信号机可根据需要设置。

① 正线上的信号机设置

正线上的道岔区设防护信号机。防护信号机设于道岔岔前和岔后的适当地点,如图 2-7 所示。具有出站性质以外的防护信号机应设引导信号。

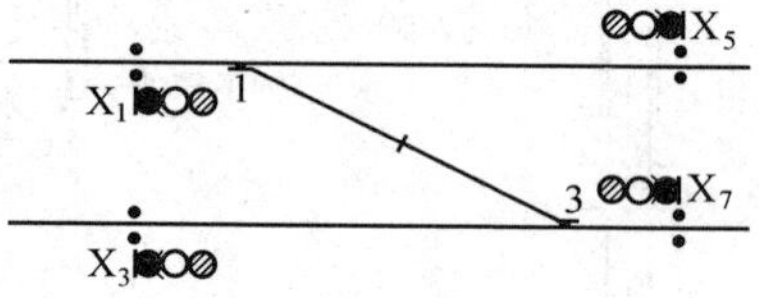

图 2-7 防护信号机

采用 ATC 的城市轨道交通,通过信号机已失去主体信号的作用,所以区间分界点一般不设通过信号机。当 ATP 车载设备发生故障时,为便于司机掌握列车运行位置,可结合系统特点设置必要的地点标志。

车站一般不设进、出站信号机,在正向出站方向的站台侧列车停车位置前方适当地点设置发车指示器或发车计时装置。也可以根据需要设进站、出站信号机以及进站信号机的预告信号机,或者只设出站信号机。

在采用 CBTC 系统时,为满足降级模式的需要,区间也设通过信号机。

线路尽头设阻挡信号机。

② 车辆段的信号机设置

在车辆段入口处设进段信号机,在车辆段出口处设出段信号机。

在同时能存放两列及以上列车的停车线中间进段方向设列车阻挡信号机(可兼作调车信号机)。

车辆段内其他地点根据需要设调车信号机。

(3)信号机命名

正线上的进、出站信号机冠以“X”“S”,防护信号机冠以“F”,阻挡信号机冠以“Z”,它们下缀编号方法:下行方向编为单号,上行方向编为双号,从站外向站内顺序编号。为区别所在车站,可在编号后缀车站编号,用字母表示,如 X3E,指的是该线第五个车站的 X3 信号机;或在编号前缀车站编号,用数字表示,如 X1001,指的是该线第十个车站的 X1 信号机。

车辆段/停车场的进段/场信号机冠以“JD”,出段/场信号机冠以“CD”。一般为两条进出段/场线,后缀编号,可以 A、B 区分。调车信号机冠以“D”,下缀编号,下行咽喉编为单号,上行咽喉编为双号,从段外向段内顺序编号。

2. 信号显示

(1)信号显示颜色的选择

城市轨道交通信号颜色的选择,应能达到显示明确、辨认容易、便于记忆和具有足够的显示距离等基本要求。经过理论分析和长期实践,信号的基本色为红、黄、绿三种,再辅以蓝色、月白色,构成基本信号显示系统。

(2)机构选用和灯光配列

色灯信号机的机构有单显示、二显示、三显示。单显示机构仅用于阻挡信号机。二显示和三显示可以单独使用,也可以组合(以及与单显示机构组合)构成各种信号显示。

①防护信号机

采用三显示机构,自上而下灯位为黄(或月白)、绿、红。若设正线出站信号机,其灯光配列同防护信号机。

②阻挡信号机

采用单显示机构,为一个红灯。

③进段(场)信号机

灯光配列可同防护信号机,亦可采用双机构(两个二显示)带引导机构,自上而下灯位为黄、绿、红、黄、月白。

④出段(场)信号机

采用三显示机构,红、绿,带调车白灯。

⑤调车信号机

采用二显示机构,自上而下灯位为白、蓝(或红)。

⑥列车阻挡信号机

采用三显示机构,绿灯封闭,红灯,带调车白灯。

(3)信号显示意义

《地铁设计规范》对信号显示未作统一规定。

各地可对信号显示做出有关规定。例如,可规定:

红色——停车,ATP 速度命令为零;

绿色——运行前方道岔在直股(定位),按 ATP 速度命令运行;

黄色——运行前方道岔在侧股(反位),按 ATP 速度命令运行,一般限制速度为 30 km/h;

红色+黄色——引导信号,准许列车在该信号机处继续运行,但需准备随时停车,仅对防护站台的信号机设引导信号。

站台还设有发车表示器,发车前 5 s 闪白光,发车时间到亮白色稳定光,列车出清后灭灯。

在有些城市采用 CBTC 的轨道交通线路,正线信号机增加蓝灯显示,CBTC 正常运用时,显示蓝灯。使用降级模式时,才按照联锁显示相应灯光。

(4)信号显示距离

各种地面信号机及表示器的显示距离应符合下列规定:

行车信号和道岔防护信号应不小于 400 m。

调车信号应不小于 200 m。

各种轨旁信号机和表示器显示距离为无遮挡条件下的最小显示距离。

第三节 转 辙 机

转辙机是道岔的转换和锁闭设备,是直接关系行车安全的关键设备。由转辙机转换和锁闭道岔,易于集中操纵,实现自动化。转辙机是重要的信号基础设备,它对于保证行车安全,提高运输效率,改善行车人员的劳动强度,起着非常重要的作用。

一、转辙机概述

转辙机是转辙装置的核心和主体,除转辙机本身外,还包括外锁闭装置和各类杆件、安装装置,它们共同完成道岔的转换和锁闭。

1. 转辙机的作用

(1)转换道岔的位置,根据需要转换至定位或反位;

(2)道岔转至所需位置而且密贴后,实现锁闭,防止外力转换道岔;

(3)正确地反映道岔的实际位置,道岔的尖轨密贴于基本轨后,给出相应的表示;

(4)道岔被挤或因故处于“四开”(两侧尖轨均不密贴)位置时,及时给出报警。

2. 对转辙机的基本要求

(1)作为转换装置,应具有足够大的拉力,以带动尖轨作直线往返运动;当尖轨受阻不能运动到底时,应随时通过操纵使尖轨回复原位。

(2)作为锁闭装置,当尖轨和基本轨不密贴时,不应进行锁闭;一旦锁闭,应保证不致因车通过道岔时的震动而错误解锁。

(3)作为监督装置,应能正确地反映道岔的状态。

(4)道岔被挤后,在未修复前不应再使道岔转换。

3. 转辙机的分类

(1)按传动方式分类,转辙机可分为电动转辙机、电动液压转辙机。

电动转辙机由电动机提供动力,采用机械传动。多数转辙机都是电动转辙机,包括 ZD6 系列转辙机、ZDJ9 型电动转辙机和 S700K 型电动转辙机。

电动液压转辙机简称电液转辙机,由电动机提供动力,采用液力传动。ZYJ7 型即为电液转辙机。

(2)按供电电源种类,转辙机可分为直流转辙机和交流转辙机。

直流转辙机采用直流电动机,工作电源是直流电。ZD6 系列电动转辙机就是直流转辙机,由直流 220 V 供电。直流电动机的缺点是,由于存在换向器和电刷,易损坏,故障率较高。

交流转辙机采用三相交流电源或单相交流电源,由三相异步电动机作为动力。S700K、ZDJ9 型电动转辙机和 ZYJ7 型电液转辙机为交流转辙机。交流转辙机采用感应式交流电动机,不存在换向器和电刷,因此故障率低,可以做到额定动作次数内免维护,而且单芯电缆控制距离远。

(3)按锁闭道岔的方式,转辙机可分为内锁闭转辙机和外锁闭转辙机。

内锁闭转辙机依靠转辙机内部的锁闭装置锁闭道岔尖轨,是间接锁闭的方式。ZD6 系列等转辙机采用内锁闭方式。内锁闭方式,锁闭可靠程度较差,列车对转辙机的冲击大。

外锁闭转辙机虽然内部也有锁闭装置,但主要依靠转辙机外的外锁闭装置锁闭道岔,将密贴尖轨直接锁于基本轨,斥离尖轨锁于固定位置,是直接锁闭的方式。S700K 型、ZDJ9 型和 ZYJ7 型转辙机采用外锁闭方式。外锁闭方式锁闭可靠,列车对转辙机几乎无冲击。

(4)按是否可挤,转辙机分为可挤型转辙机和不可挤型转辙机。

可挤型转辙机内设挤岔保护(挤切或挤脱)装置,道岔被挤时,动作杆解锁,保护了整机。不可挤型转辙机内不设挤岔保护装置,道岔被挤时,挤坏动作杆与整机连接结构,应整机更换。电动转辙机和电液转辙机都有可挤型和不可挤型。

此外，各种转辙机还有不同转换力和动程的区别。

4. 转辙机的设置

城市轨道交通的正线上如采用9号非AT道岔，车辆段(停车场)一般采用7号道岔，通常一组道岔由一台转辙机牵引。如果正线上采用的是9号AT道岔，其为弹性可弯道岔，需要两点牵引，即一组道岔需两台转辙机牵引。如果采用9号三开道岔，则一组道岔需两台转辙机牵引。复式交分道岔的两组尖轨和两组可动心轨各由一个转辙机牵引。

二、ZD6系列电动转辙机

ZD6系列电动转辙机在城市轨道交通中使用广泛，包括D、E、J等派生型号。ZD6系列电动转辙机采用内锁闭方式。

1. ZD6型转辙机的结构

ZD6型电动转辙机主要由电动机、减速器、摩擦联结器、主轴、动作杆、表示杆、移位接触器、外壳等组成，如图2-8所示。

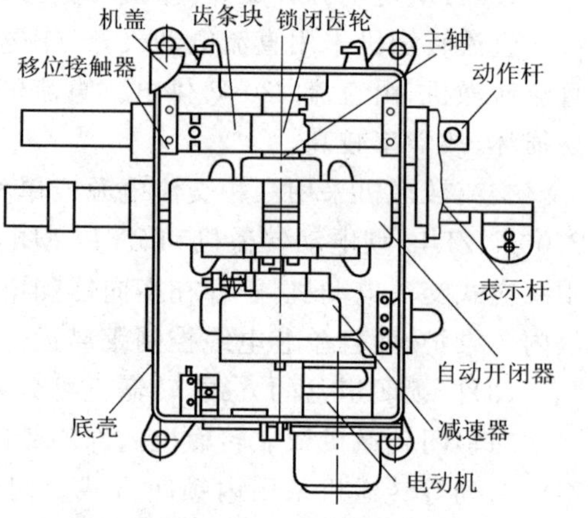

图2-8 ZD6型电动转辙机结构

电动机为电动转辙机提供动力，采用直流串激电动机。

减速器用来降低转速以获得足够的转矩，并完成传动。由第一级齿轮和第二级行星传动式减速器组成。两级间以输入轴联系，减速器由输出轴和主轴联系。

摩擦联结器构成输出轴与主轴之间的摩擦连接，防止尖轨受阻时损坏机件。

主轴由输出轴通过启动片带动旋转，主轴上安装锁闭齿轮。

锁闭齿轮和齿条块相互动作，将转动变为平动，通过动作杆带动道岔尖轨运动，并完成锁闭作用。

动作杆和齿条块用挤切销相连。正常动作时，齿条块带动动作杆。挤岔时，挤切销折断，动作杆和齿条块分离，避免机件损坏。

表示杆由前、后表示杆及两个检查块组成。表示杆随尖轨移动，只有当尖轨密贴且锁闭后，自动开闭器的检查柱才能落入表示杆缺口，接通道岔表示电路。挤岔时，表示杆被推动，顶起检查柱，从而断开道岔表示电路。

自动开闭器由静接点、动接点、速动片、速动爪、检查柱组成，用来表示道岔尖轨所在位置。

移位接触器用来监督挤切销的受损状态，道岔被挤或挤切销折断时，断开道岔表示电路。

安全接点（遮断接点）用来保证维修安全。正常使用时，遮断接点接通，才能接通道岔动作电路。检修时，断开遮断接点，以防止检修过程中转辙机转动影响维修人员作业。

壳体用来固定转辙机各部件，防护内部机件免受机械损伤和雨水、尘土侵入，提供整机安装条件。它由底壳和机盖组成。底壳是壳体的基础，也是整机安装的基础。底壳上设有特定形状的窗孔，便于整机组装和分解。机盖内侧周边有盘根槽，内镶有密封用盘根（胶垫）。

2．ZD6 型转辙机的动作原理

以道岔由左侧密贴向右转换为例，当电动机通入规定方向的道岔控制电流，电动机按逆时针方向旋转。电动机通过齿轮带动减速器，这时输入轴按顺时针方向旋转，输出轴按逆时针方向旋转。输出轴通过启动片带动主轴，按逆时针方向旋转。锁闭齿轮随主轴逆时针方向旋转，锁闭齿轮在旋转中完成解锁、转换、锁闭三个过程，拨动齿条块，使动作杆带动道岔尖轨向右移动，密贴于右侧尖轨并锁闭。同时通过启动片、速动片、速动爪带动自动开闭器的动接点动作，与表示杆配合，断开原接通接点，接通原断开接点，完成电动转辙机转换、锁闭及给出道岔表示的任务。

手动摇动转辙机时，先用钥匙打开盖，露出摇把插孔。将摇把插入减速大齿轮轴，摇动转辙机至所需位置。此后虽抽出摇把，但安全接点被断开，必须打开机盖，合上安全接点，转辙机才能复原。

三、S700K 型电动转辙机

S700K 型电动转辙机是由于我国铁路提速需要，从德国西门子公司引进设备和技术，经消化吸收和改进后，迅速在主要干线推广运用的转辙机。经数年的实践表明，该型转辙机结构先进，工艺精良，不但解决了长期困扰信号维修人员的电机断线、故障电流变化、接点接触不良、移位接触器跳起和挤切销折断等惯性故障，而且可以做到“少维护，无维修”，符合中国铁路运营的特点和发展方向，也适用于城市轨道交通。

城市轨道交通运行速度不高，可采用普通的直流转辙机，但采用三相交流电动转辙机优点十分明显。由于采用三相交流电动机，线路上的电能损失大大减少；又由于采用摩擦力非常小的滚珠丝杠传动装置，因此机械效率高。这样，在同样的控制电流下，可增大控制距离，或减小电缆芯线的截面。采用三相电动转辙机后，由于没有直流电动机的整流子，维修工作量大为减少。

S700K型电动转辙机的产品代号来自德文“Simens-700-Kugelgewinde”，其含义为“西门子—具有6 860 N(700 kgf)保持力—带有滚珠丝杠”的电动转辙机。

1. S700K型电动转辙机结构

S700K型电动转辙机主要由外壳、动力传动机构、检测和锁闭机构、安全装置、配线接口五大部分组成，其结构如图2-9所示。

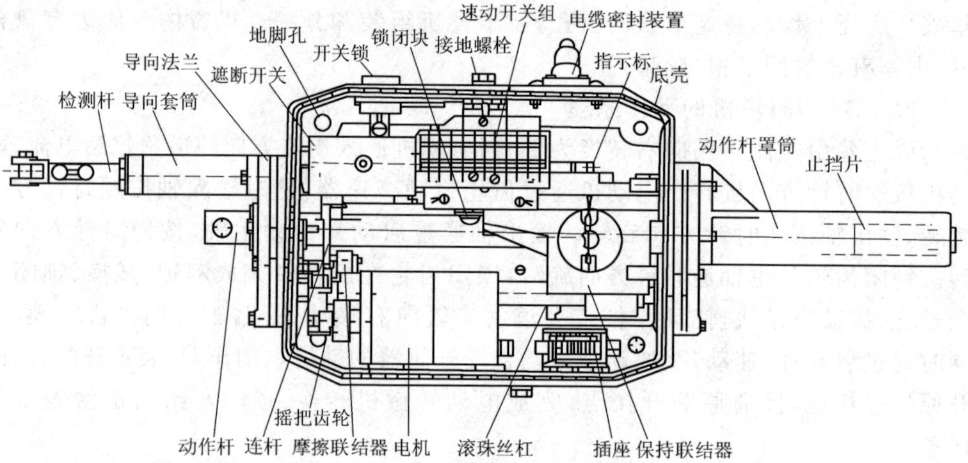

图2-9 S700K型电动转辙机结构图

(1)外壳

外壳主要由铸铁底壳、机盖、动作杆套筒、导向套筒、导向法兰等组成。

(2)动力传动机构

动力传动机构主要由三相交流电动机、齿轮组、摩擦联结器、滚珠丝杠、保持联结器、动作杆等组成。

三相交流电动机为转辙机提供动力。

齿轮组将电机的旋转驱动力传递到摩擦联结器上，并将电动机的高速转速降速，以增大旋转驱动力，适应道岔转换的需要。

摩擦联结器将齿轮组变速后的旋转力传递给滚珠丝杠，当作用于滚珠丝杠上的转换阻力大于摩擦结合力时，主、被摩擦片之间相对打滑空转，保护了电动机。

滚珠丝杠相当于一个直径32 mm的螺栓和螺母，当滚珠丝杠正向或反向旋转一周时，螺母前进或后退一个螺距。它一方面将电动机的旋转运动变成丝杠的直线运行；另一方面起到减速作用。

保持联结器是转辙机的挤脱装置，利用弹簧的压力通过槽口式结构将滚珠丝杠与动作杆连接在一起。当道岔的挤岔力超过弹簧压力时，动作杆滑脱，起到整机不被损坏的保护作用。

(3)检测和锁闭机构

检测和锁闭机构主要由检测杆、叉形接头、速动开关组、锁闭块和锁舌、指示标等部分组成。

检测杆随尖轨或心轨转换而移动，用来监督道岔在终端位置时的状态。

道岔在终端位置，当检测杆指示缺口与指示标对中时，锁闭铁及锁舌应能正常弹出。锁闭块的正常弹出使速动开关的有关启动接点闭合及表示接点断开。锁舌的正常弹出用于阻挡转辙机的保持联结器的移动，实现转辙机的内部锁闭。

速动开关是采用沙尔特堡接点组的自动开闭器。它随着尖轨或心轨的解锁、转换、锁闭过程中锁闭块的动作自动开闭，以自动开闭电动机动作电路和道岔表示电路。

(4)安全装置

安全装置主要由开关锁、遮断开关、连杆、摇把孔挡板等组成。

开关锁是操纵遮断开关闭合和断开的机构。用来在检修人员打开电动转辙机机盖进行检修作业或车务人员插入摇把转换道岔时，可靠断开电动机动作电路，防止电动机误动，保证人身安全。

遮断开关在开关锁的直接操作下闭合和断开，需要进行内部检修或人工断开动作电路时，用钥匙打开开关锁，断开安全接点，切断动作电路，起到保护作用。人工摇动道岔时，打开摇把孔挡板，也断开安全接点，防止在手摇道岔时室内扳动道岔使其误动。

遮断开关接通时，摇把挡板能有效阻挡摇把插入摇把齿轮，防止用钥匙打开电动转辙机机盖。断开遮断开关时，摇把能顺利插入摇把齿轮或用钥匙打开电动转辙机机盖，此时电动机的动作电源将被可靠地切断，不经人工操纵和确认，不能恢复接通。

(5)配线接口

配线接口主要由电缆密封装置、接插件插座组成。

2. 外锁闭装置

S700K 型电动转辙机以及其他交流转辙机必须配套外锁闭装置。当道岔由转辙机带动转换至某个特定位置后，通过外锁闭装置，直接把尖轨与基本轨或心轨与翼轨密贴夹紧并固定，称为道岔的外锁闭。即道岔的锁闭主要不是依靠转辙机内部的锁闭装置，而是依靠转辙机外部的锁闭装置实现的。外锁闭装置受力合理，基本上避免了轮对对尖轨产生的侧向冲击，克服了内锁闭道岔的缺陷。

钩式外锁闭装置的锁闭方式为垂直锁闭。锁闭力通过锁闭铁、锁闭框直接传给基本轨。锁闭铁和锁闭框基本不承受弯矩，锁闭更加可靠。同时各配件全部是锻造调质处理，具有良好的综合机械性能。钩式外锁闭装置受力结构合理，能有效适应道岔尖轨的不良状态，锁闭可靠，安装调整方便。

分动尖轨用钩式外锁闭装置由锁闭杆、锁钩、锁闭框、尖轨连接铁、锁轴、锁闭铁组成，如图 2-10 所示。

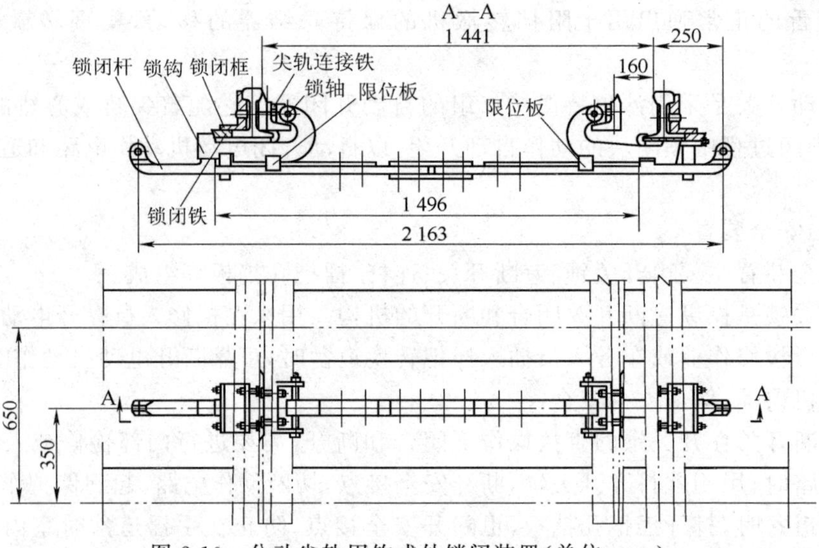

图 2-10 分动尖轨用钩式外锁闭装置(单位:mm)

锁闭杆的作用是通过安装装置与转辙机动作杆相连，利用其凸台和锁钩缺口带动尖轨。第一牵引点锁闭杆与第二牵引点锁闭杆凸台尺寸不同，不能通用。锁钩头部与销轴连接，下部缺口与锁闭杆凸台作用，通过连接铁带动尖轨运动，尾部内斜面与锁闭铁作用锁闭密贴尖轨和基本轨。第一点牵引点锁钩与第二牵引点锁钩也不能通用。

锁闭框固定锁闭铁，支承锁闭杆。锁闭铁与锁钩作用锁闭尖轨和基本轨，导向槽在锁闭杆两侧槽内起导向作用。锁闭框用螺栓与基本轨连接，锁闭铁插入锁闭框方孔内，并用固定螺栓紧固。尖轨连接铁用螺栓与尖轨连接，由锁轴将其与锁钩连接。锁钩底部缺口对准锁闭杆的凸块，并与锁闭杆共同穿入锁闭框。

四、ZDJ9 型电动转辙机

ZDJ9 型电动转辙机具有转换力大、效率高等特点。既适用于多点牵引分动外锁闭道岔的转换，也可用于尖轨联动的内锁闭道岔的转换。

ZDJ9 型电动转辙机采用滚珠丝杠减速，效率较高。采用三相 380 V 交流电动机，故障少，电缆单芯控制距离长。

ZDJ9 型电动转辙机结构如图 2-11 所示。由底壳、盖、电动机、减速器、摩擦联结器、滚珠丝杠、动作杆、左右锁闭杆、接点组、安全开关组、挤脱器、接线端子等组成。

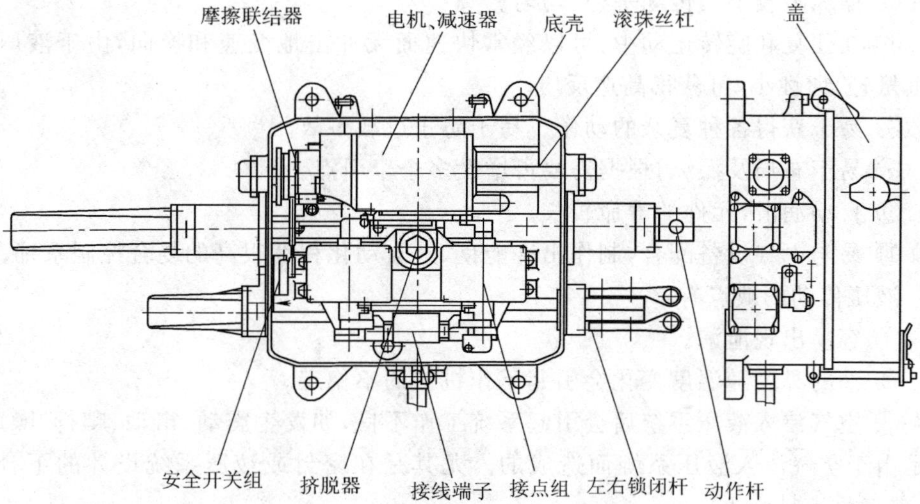

图 2-11　ZDJ9 型电动转辙机结构图

五、ZYJ7 型电动液压转辙机

电动液压转辙机（简称电液转辙机）是采用电动机驱动、液压传动方式来转换道岔的一种转辙装置。液压式转辙机取消了齿轮传动和减速器，简化了机械结构，将机械磨损减至最低程度，减少了维修工作量。但液压传动对液压介质要求较高，对元件要求也高，传动效率较低。ZYJ7 型电液转辙机适用于提速道岔，城市轨道交通采用 ZYJ7 型电液转辙机的原因同前述 S700K 型电动转辙机。

1. 液压传动

液压传动是用液体为工作介质来传送能量的。油压传动是液压传动的一种，是利用油液的压力来传递能量的。

液压传动借助于处于密闭容器内的液体的压力来传递能量和动力。液体虽然没有立体的几何形状,却有几乎不变的容积。当它被容纳于密闭的系统之中时,就可以将压力由一处传递到另一处。当高压液体在管道、油缸中流动时,就能传递机械能。液压传动的优点有:

① 易于获得很大的力或力矩,并且易于控制。

② 易于实现直线的往复运动,直接推动工作机构,适合牵引道岔尖轨移位。

③ 易于调整调速比。

④ 输出功率大、体积小。

⑤ 操纵力较小。传动平稳、均匀。

⑥ 在往复和旋转运动中,可以经常快速而无冲击地变速和换向,由于液压机构重量轻,惯性小,可获得高速反应。

⑦ 易于获得各种复杂的动作。易于防止过载事故。

⑧ 易于布局及操纵,根据需要可增设多个牵引点。

⑨ 自动润滑,元件的寿命较长。

⑩ 易与电气设备配合,制作出性能良好、自动化程度很高的复合控制系统。

液压传动的缺点有:

① 容易出现泄漏。

② 油的黏度随温度变化会引起工作机构的不稳定。

③ 空气渗入液压系统后会引起系统工作不良,如发生震动、窜动、爬行、噪声,都是由于空气渗入液压系统而造成的。尤其是在密封或液压系统设计的不合理时,空气很容易渗入。

④ 元件精度要求高,不易加工,价格较贵,对使用维修的要求较高。

⑤ 液压油易受污染,从而加剧元件的磨损和堵塞,使整机性能下降,寿命缩短甚至损坏。

2. ZYJ7 型电液转辙机

ZYJ7 型电液转辙机由主机和 SH6 型转换锁闭器(副机)两部分组成,分别用于第一牵引点和第二牵引点。也可以在第一牵引点和第二牵引点均采用一台主机,而不用副机。ZYJ7 型电液转辙机、SH6 型转换锁闭器结构图分别如图 2-12、图 2-13 所示。

ZYJ7 型电液转辙机主机主要由电动机、油泵、油缸、启动油缸、接点系统、锁闭杆、动作杆等组成。SH6 型转换锁闭器主要由油缸、挤脱接点、表示杆、动作杆组成。

电动机采用交流三相异步电动机。该电动机增加了惯性轮,保证转辙机转换

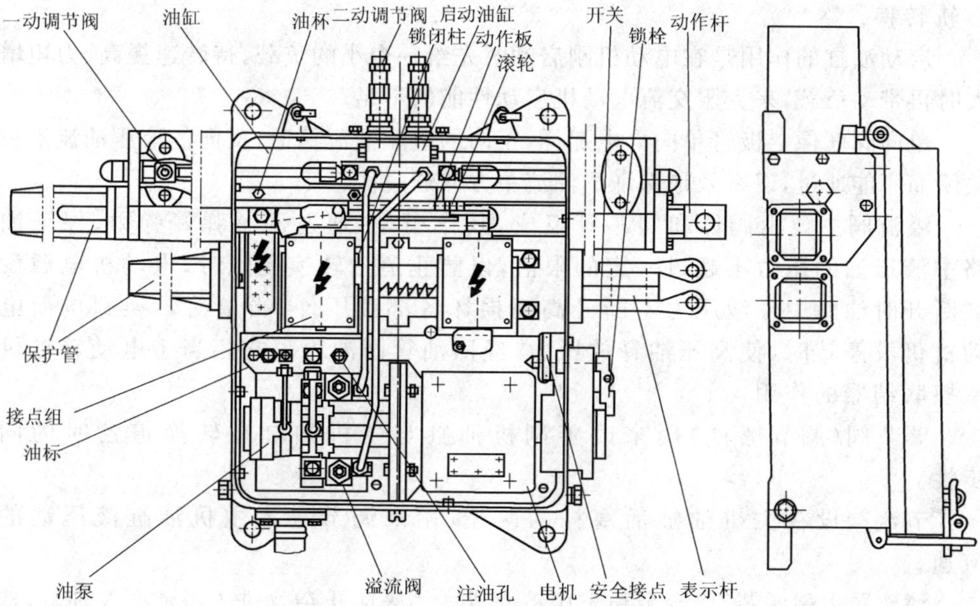

图 2-12　ZYJ7 型电液转辙机结构图

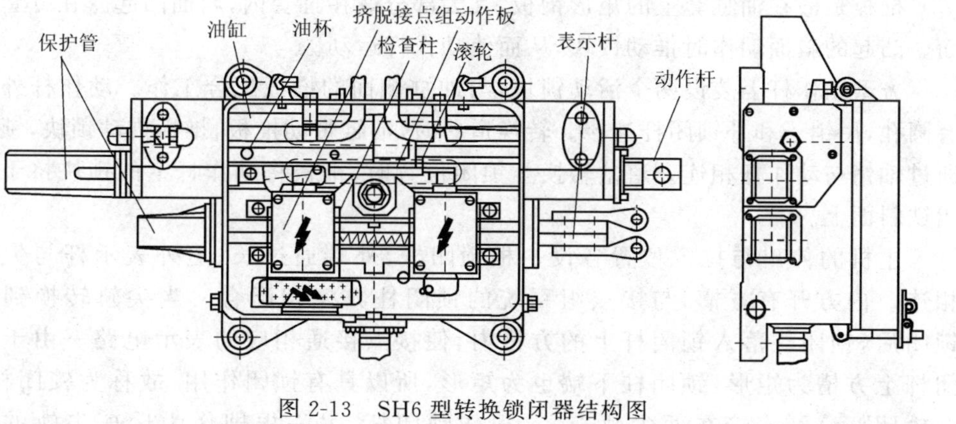

图 2-13　SH6 型转换锁闭器结构图

到位后开闭器接点不致颤动。

油泵采用双向斜盘轴向柱塞式油泵，其特点是构造简单，寿命长，工作可靠。

油缸由活塞杆、缸座、缸筒、缸套、接头体、连接螺栓和密封圈组成。活塞杆两端的螺孔与连接螺柱的一端紧固，连接螺栓另一端与杆架相连，杆架又连在机体外壳上。这样就使得活塞杆固定，用缸筒运动来推动尖轨或心轨转换。油缸用来将注入缸内的液压力转换或机械力，以推动尖轨或可动心轨转换。

启动油缸的作用是在电动机刚启动时先给一个小的负载，待转速提高、力矩增大时再带动负载，来克服交流电动机启动性能的不足。

单向阀就像二极管单向导电那样，正向的液压油流畅通，反向的液压油流则被关闭而不能通过，以有效地保证了油流单方向通过。

溢流阀主要由阀体和阀芯等组成，其作用是：通过调整弹簧弹力，保证油路中液压油的压力不超过一定的限值，以防止道岔转换受阻时，电动机电源没被断开时油路中油液压力不断升高而损坏各部液压件；当道岔转换到位而电动机仍没停转时，使高压油释放压力，经回油管回油箱。它相当于电动转辙机摩擦联结器的作用。

调节阀（调节螺柱）用来改善副机油缸与主机油缸在转换道岔时的同步性。

节流阀设在主机油缸活塞杆的两端，用来调节进入主机油缸液压油的流速。

滤清器也称滤芯，用合金粉末压铸而成。用来防止杂物进入溢流阀及油缸，造成油路卡阻，以保证油路系统的可靠性。

推板是嵌在油缸套上的矩形钢板，其大部分嵌在缸套内，斜面凸起露在缸套外面。凸起的斜面动作时推动锁块，从而使动作杆运动。

方型动作杆上装设两个活动锁块，与油缸侧面的推板配合工作。动作杆外侧有圆孔，用销子和外锁闭杆连接。转换道岔时，油缸带动推板，推板推动锁块，锁块通过轴销与动作杆相连。道岔转换至锁闭位置时，推板将动作杆上的锁块挤于锁闭铁斜面上。

主机的伸出与拉入位置各设一根锁闭杆，外端通过长、短外表示杆与尖轨相连。内方开有方槽，与接点组系统的锁闭柱方棒相配合。当尖轨转换到位锁闭后，锁闭柱落入锁闭杆上的方槽内，使接点接通相应的表示电路。由于锁闭杆上方槽为矩形，锁闭柱下端也为矩形，所以具有锁闭作用，故称为锁闭杆。两锁闭杆分别连接在两尖轨上，一根作锁闭杆，另一根即作为斥离尖轨的表示杆。

副机的伸出与拉入位置各设一根表示杆，外端通过长、短表示杆与尖轨连接。内方开有斜槽，与接点组系统的检查柱下端斜角相配合，检查道岔位置。当尖轨转换到位锁闭时，检查柱下端落入表示杆缺口，使接点接通相应位置的表示电路。副机表示杆不起锁闭作用。挤岔时，检查柱上提断开表示电路。

电液转辙机可采用普通自动开闭器，也可采用沙尔特堡 S800aW40 型速动开关。

挤脱器安装在 SH6 型转换锁闭器上。挤脱器与锁闭铁经定力机构与机壳连在一起。当道岔被挤时(挤切力大于该挤脱器预先调整的压力 30.4 kN 时)锁闭铁位移,转换接点组断开表示电路,及时给出挤岔表示。

如果道岔被挤,动作杆带动锁闭铁挤出凹槽,启动片随之移动,斜面带动拐臂轴上的小滚轮抬起,使动接点退出,断开表示电路。此时动作杆连接的锁闭铁与机壳上的固定桩失去连接,来自动作杆的挤切力再不能传给内方的其他部件,起到了挤岔保护作用。

另外,道岔被挤时,表示杆的移动也能及时断开表示,可以说是双重保护。

3. ZYJ7GZ 型轨枕式电液转辙机

ZYJ7GZ 型轨枕式电液转辙机将转辙机和转换锁闭器安装在两基本轨的中间钢枕内,大大改善了道岔区段的轨道动力学性能。液压站和中转盒分别安装在钢枕的头部,其中,液压站也可下道安装。整套系统重量轻、安装简便灵活、易于维护、不妨碍工务养护。具有转换平稳、运用稳定、占地位置小等优势。

ZYJ7GZ 型电液转辙机尖轨一动外锁及安装装置示意如图 2-14 所示。

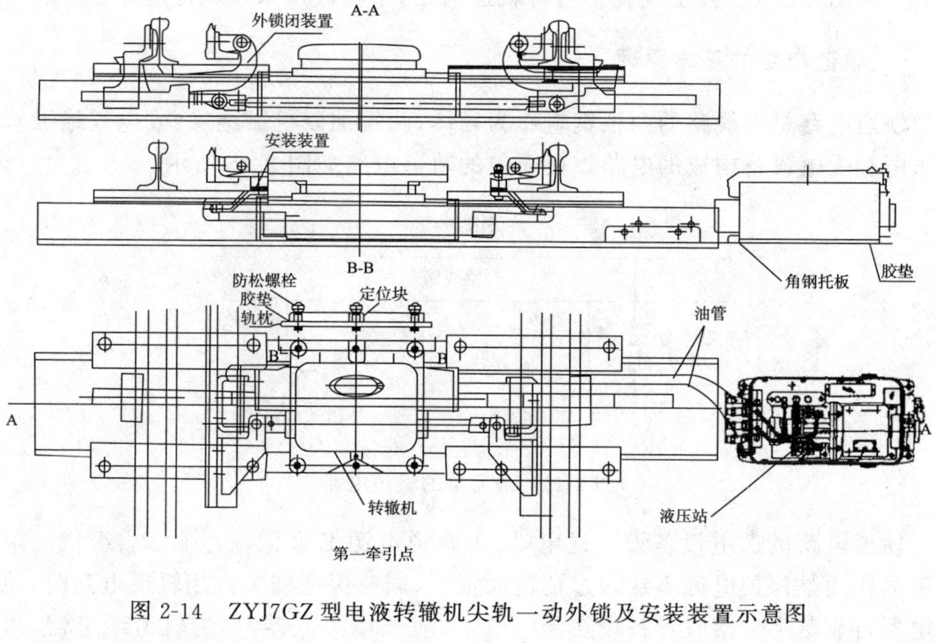

图 2-14　ZYJ7GZ 型电液转辙机尖轨一动外锁及安装装置示意图

ZYJ7GZ 型电液转换系统主要由电液转辙机主机、液压站(第一牵引点处)、SH6GZ 型转换锁闭器、中转盒(第二牵引点处)、钩形外锁闭装置及安装装置等组成。

ZYJ7GZ 型电液转辙机油路系统为闭式系统，当电机带着油泵旋转时使油缸左右移动。为了改善交流电机的启动特性，与油缸并联了启动油缸。液压站上一动调节阀和二动调节阀用于调节主机油缸与副机油缸，在转换道岔时实现同步动作。

第四节 轨 道 电 路

轨道电路是利用钢轨线路和钢轨绝缘构成的电路。它用来监督线路的占用情况，以及将列车运行与信号显示等联系起来，即通过轨道电路向列车传递行车信息。轨道电路是信号的重要基础设备，它的性能直接影响行车安全和运输效率。

采用基于轨道电路的 ATC 系统时，轨道电路不仅用来检测列车是否占用，更重要的是要传输 ATP 信息。所以除车辆段内可采用 50 Hz 相敏轨道电路外，正线需要采用无绝缘音频轨道电路，以便于牵引电流流通。音频轨道电路多采用数字编码调制方式，用较高频率的正弦信号作为载波，调制信号是数字基带信号。

当采用 CBTC 时，正线就不再有轨道电路，车辆段可采用轨道电路。

一、轨道电路的基本原理

轨道电路是以线路的两根钢轨作为导体，两端加以机械绝缘（或电气绝缘），接上送电和受电设备构成的电路。最简单的轨道电路如图 2-15 所示。

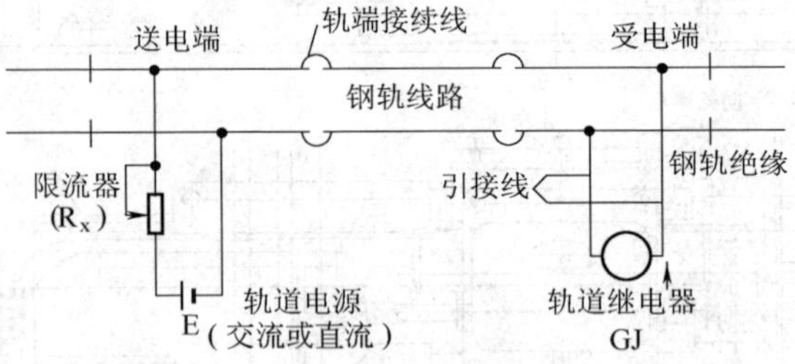

图 2-15 最简单的轨道电路

轨道电路的送电设备设在送电端，由轨道电源 E 和限流电阻 R_X 组成。限流电阻的作用是保护电源不致因过负荷而损坏，同时保证列车占用轨道电路时，轨道继电器可靠落下。接收设备设在受电端，一般采用继电器，称为轨道继电器，由它来接收轨道电路的信号电流。

送、受电设备一般放在轨道旁的变压器箱或电缆盒内，轨道继电器设在信号机械室内。送、受电设备由引接线（钢丝绳）直接接向钢轨或通过电缆过轨后由引接线接向钢轨。

钢轨是轨道电路的导体,为减小钢轨接头的接触电阻,增设了轨端接续线。

钢轨绝缘是为分隔相邻轨道电路而装设的。

两绝缘节之间的钢轨线路,称为轨道电路的长度。

当轨道电路内钢轨完整,且没有列车占用时,轨道继电器吸起,表示轨道电路空闲。轨道电路被列车占用时,它被列车轮对分路,轮对电阻远小于轨道继电器线圈电阻,流经轨道继电器的电流大大减小,轨道继电器落下,表示轨道电路被占用。

二、轨道电路的作用

轨道电路的第一个作用是监督列车的占用。利用轨道电路监督列车在区间或在站内的占用,是最常用的方法。由轨道电路反映该段线路是否空闲,为开放信号、建立进路或构成闭塞提供依据,还利用轨道电路的被占用关闭信号,把信号显示与轨道电路是否被占用结合起来。

轨道电路的第二个作用是传递行车信息。例如数字编码式音频轨道电路中传送的行车信息,为ATP系统直接提供控制列车运行所需要的前行列车位置、运行前方信号机状态和线路条件等有关信息,以决定列车运行的目标速度,控制列车在当前运行速度下是否减速或停车。对于ATP系统来说,带有编码信息的轨道电路是其车地之间传输信息的主要通道。

三、轨道电路的分类

轨道电路有较多种类,也有多种分类方法。

1. 按所传送的电流特性分类

轨道电路可分为工频轨道电路和音频轨道电路,音频轨道电路又分为模拟式和数字编码式。

工频轨道电路中传送连续的交流电流。这种轨道电路的唯一功能是监督轨道的占用与否,不能传送更多信息。

模拟式音频轨道电路采用调幅或调频方式,用低频调制载频,除监督轨道的占用外,可以传输较多信息,主要传输列车运行前方三个或四个闭塞分区的占用与否的信息。

数字编码式音频轨道电路采用数字调频方式,但它采用的不是单一低频调制频率,而是一个若干比特的一群调制频率,根据编码去调制载频,编码包含速度码、线路坡度码、闭塞分区长度码、纠错码等,可以传输更多的信息。

2. 按分割方式分类

轨道电路可分为有绝缘轨道电路和无绝缘轨道电路。

有绝缘轨道电路用钢轨绝缘将本轨道电路与相邻的轨道电路互相电气隔离。一般称轨道电路常指有绝缘轨道电路。

钢轨绝缘在车辆运行的冲击力、剪切力作用下很容易破损,使轨道电路的故障率较高。绝缘节的安装,给无缝线路带来一定的麻烦,有时需锯轨,因而降低了线路的轨道强度,增加了线路维护的复杂性。电气化铁路的牵引回流不希望有绝缘节,为使牵引回流能绕过绝缘节,必须安装扼流变压器或回流线。因此无缝线路和电气化铁路希望采用无绝缘轨道电路。

无绝缘轨道电路在其分界处不设钢轨绝缘,而采用电气隔离的方法予以隔离。电气隔离式又称谐振式,利用谐振槽路,采用不同的信号频率,谐振回路对不同频率呈现不同阻抗,来实现相邻轨道电路间的电气隔离。

无绝缘轨道电路与有绝缘轨道电路相比较,具有较明显的优点。由于去掉了故障率高的轨端机械绝缘,因而大大地提高了轨道电路的可靠性。在长轨区段安装不用锯轨,在电气化区段降低了轨道电路的不平衡系数,改善了线路的运营质量。

城市轨道交通正线上采用无绝缘轨道电路,取消了机械绝缘节和钢轨接头,大大减少了车辆轮对与钢轨接缝之间的碰撞,降低了轮对和钢轨的磨损,避免了列车过接缝时乘客的不舒适感。

3. 按使用处所分类

轨道电路分为区间轨道电路和车辆段内轨道电路。

区间轨道电路主要用于正线,不仅要监督各闭塞分区是否空闲,而且要传输有关行车信息。一般来说,区间要求轨道电路传输距离较长,要满足闭塞分区长度的要求,轨道电路的构成也比较复杂。

车辆段内轨道电路,用于段内各区段,一般只有监督本区段是否空闲的功能,不能发送其他信息。

4. 按轨道电路内有无道岔分类

轨道电路分为无岔区段轨道电路和道岔区段轨道电路。

无岔区段轨道电路内钢轨线路无分支,构成较简单,一般用于检车线、停车线等以及尽头调车信号机前方接近区段、两差置调车信号机之间的区段。

在道岔区段,钢轨线路有分支,道岔区段的轨道电路就称为分支轨道电路或分歧轨道电路。在道岔区段,道岔处钢轨和杆件要增加绝缘,还要增加道岔连接线和跳线。当分支超过一定长度时,还必须设多个受电端。

四、轨道电路的应用

城市轨道交通的轨道电路应用非常广泛。对于未采用 CBTC 的线路,全部线路，包括正线和车辆段/停车场都采用轨道电路。对于采用 CBTC 的线路，虽然正线不采用轨道电路，但车辆段/停车场可采用轨道电路。但近年来车辆段/停车场也采用计轴设备来反映列车占用。

1. 正线轨道电路的应用

未采用 CBTC 的线路，正线采用无绝缘轨道电路，早期采用模拟式音频轨道电路，后来均采用报文式数字无绝缘音频轨道电路。对于正线的道岔区段，有不同的处理方法：有采用有绝缘音频轨道电路的，也有采用工频轨道电路。但不管采取什么处理方法，但都要辅以环线来发送 ATP 信息。

2. 车辆段/停车场轨道电路的应用

无论是否采用 CBTC，各线路的车辆段/停车场可采用工频相敏轨道电路。

3. 转换轨轨道电路的应用

在正线与车辆段/停车场衔接处，必须设转换区段，称为转换轨，以实现信号系统的转接。正线与车辆段/停车场采用不同的信号系统，正线由 ATC 控制，车辆段/停车场由联锁系统控制，不受 ATC 控制。列车从车辆段/停车场进入正线，必须转为 ATC 控制；列车从正线进入车辆段/停车场，必须退出 ATC 控制。这一信号系统的转接，在转换轨完成。在未采用 CBTC 的线路，信号系统的转接是由转换轨轨道电路完成的。

转换轨信号设备的布置如图 2-16 所示。

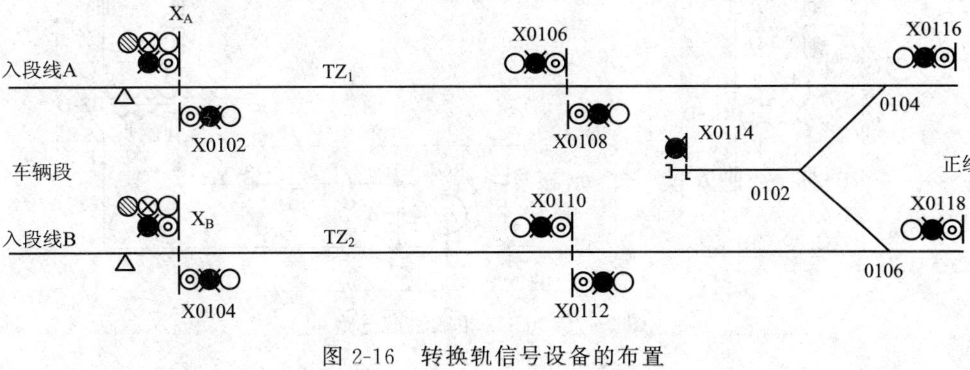

图 2-16　转换轨信号设备的布置

图中，X_A、X_B 是入段信号机，X0102 和 X0104 是 ATC 入口信号机，X0106 和 X0110 是 ATC 出口信号机，X0108 和 X0112 是转换信号机，TZ_1、TZ_2 是转换轨，采用音频轨道电路。

当有列车从车辆段出入库线 A 进入正线，列车在 X_A 外方，通过初始化信标，车载 ATP 接收初始化信息，为接收 ATP 信息做好准备。当 X0102 开放后，列车进入转换轨，成为受 ATC 控制的列车。列车在转换轨停车期间，ATS 为该列车准备进路。X0108 开放后，列车即正式投入正线运行。

当有列车从正线返回车辆段出入库线 A 时，建立从 X0106 到车辆段的退出进路，列车进入转换轨，不再受 ATC 控制。然后根据入段信号机的显示进入车辆段。

列车从出入段线 B 出入车辆段的情况同 A。

五、交流工频轨道电路

用于城市轨道交通的交流工频轨道电路有 50 Hz 相敏轨道电路（包括继电式和微电子式）、PF 轨道电路。它们只有监督列车占用的功能，不能传输其他信息。

城市轨道交通一般采用直流牵引，所以轨道电路可以采用 50 Hz 电源。

1. 50 Hz 相敏轨道电路

(1)50 Hz 相敏轨道电路的组成

50 Hz 相敏轨道电路的组成如图 2-17 所示。它由送电端、受电端、钢轨绝缘、钢轨引接线、钢轨接续线、回流线以及钢轨组成。

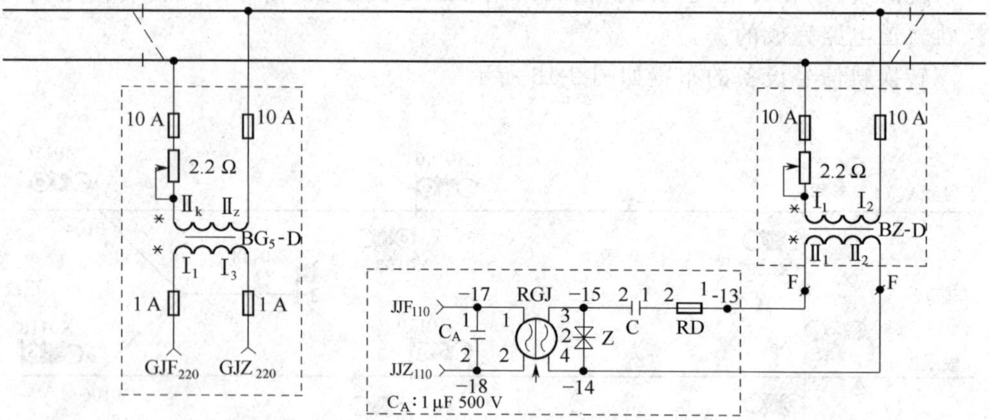

图 2-17　50 Hz 相敏轨道电路

送电端包括 BG_5-D 型轨道变压器、R-2.2/220 型变阻器以及断路器，安装在室外的变压器箱内。轨道电源从室内通过电缆送至送电端。

受电端包括 BZ-D 型中继变压器、R-2.2/220 型变阻器、断路器、轨道继电器、电容器、防雷元件等。其中中继变压器、变阻器及 10 A 断路器安装在室外的变压器箱或电缆盒内，其他安装在室内的组合柜上。轨道继电器采用交流二元继电器。

变压器箱或电缆盒用钢轨引接线接向钢轨。

钢轨接续线用来连接相邻钢轨，以减小钢轨接头处的接触电阻。

钢轨绝缘设于轨道电路分界处，用以隔离相邻的轨道电路。

回流线连接相邻的不同侧钢轨，为牵引回流提供越过钢轨绝缘节的通路。

(2)50 Hz 继电式相敏轨道电路的工作原理

50 Hz 相敏轨道电路为有绝缘双轨条轨道电路，牵引回流为单轨条流通。

电源屏分别供出 50 Hz 轨道电源和局部电源。送电端轨道电源 GJZ_{220}、GJF_{220} 经轨道变压器降压后送至钢轨。受电端由钢轨来的电压经中继变压器升压后送至轨道继电器 RGJ 的轨道线圈 3-4。

轨道继电器 RGJ 的局部线圈 2-1 接局部电源 JJZ_{110}、JJF_{110}。

当轨道线圈和局部线圈电源满足规定的相位和频率要求时，RGJ 吸起，轨道电路处于调整状态，表示轨道电路空闲。列车占用时，轨道电源被分路，RGJ 落下。若频率、相位不符合要求时，RGJ 也落下。

由于 50 Hz 相敏轨道电路就具有相位鉴别能力，即相敏特性，故其抗干扰性能较高。

2. 50 Hz 微电子相敏轨道电路

50 Hz 微电子相敏轨道电路是专门为城市轨道交通研制的，用于车辆段内。

50 Hz 相敏轨道电路，接收设备为交流二元继电器，存在较多问题。50 Hz 微电子相敏轨道电路接收器保留了原相敏轨道电路的优点，克服其缺点，成为具有高可靠、高抗干扰能力的一种新型相敏轨道电路。

50 Hz 微电子相敏轨道电路如图 2-18 所示，局部电源和轨道电源分别由电源屏提供，并且局部电源超前轨道电源 90°。送电端轨道电源 GJZ_{220}、GJF_{220} 经节能器、轨道变压器降压后送至钢轨。受电端经中继变压器升压后送至调相防雷器(TFQ)，再送至两台 WXJ50 型微电子相敏接收器。两台接收器双机并用，只要有一台接收器有输出，轨道继电器 GJ 即吸起，以提高轨道电路的可靠性。当 50 Hz 微电子相敏轨道电路接收器接收到 50 Hz 轨道信号，且局部电压超前轨道电压一定范围的角度时，微电子接收器使轨道继电器吸起。在 $\theta=90°$时，处于最佳接收状态。当收到的信号不能完全满足以上条件时，轨道继电器落下。微电子相敏接收器中的单片微机完成接收信息的数字处理功能，具有相位选择性和频率选择性，由微电子相敏接收器驱动轨道继电器(为无极继电器)。

其中，轨道电源、局部电源、调相防雷器、微电子相敏接收器、轨道继电器设在室内。节能器、轨道变压器、送电端防护电阻及断路器设在室外送电端变压器箱内。中继变压器、受电端防护电阻及断路器设在室外受电端变压器箱内。室内、外设备用电缆相连。

TFQ 调相防雷器内设电容器和防雷元件，用于调整轨道电路的相位和防雷。

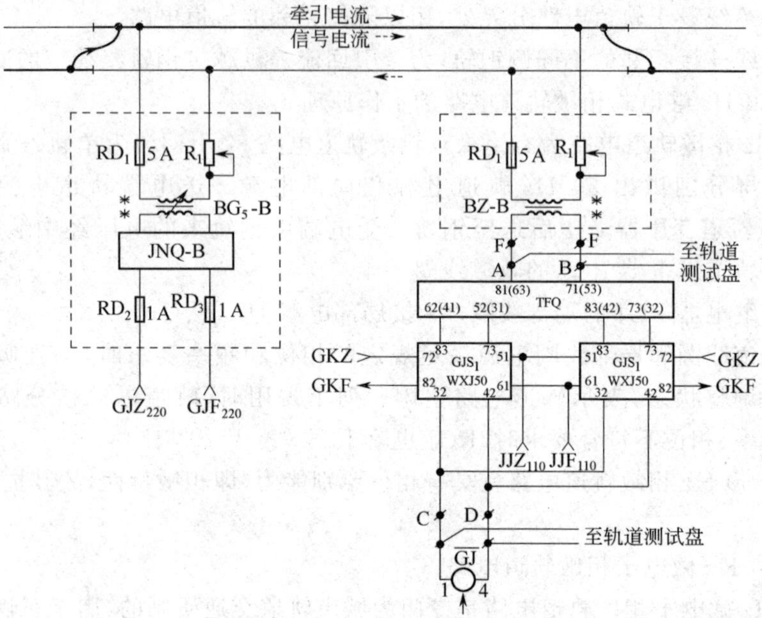

图 2-18 50 Hz 微电子相敏轨道电路

R_1、R_2 为送、受电端防护电阻，R_1 同时是限流电阻。

在一送多受时，每个分支用一个接收器和轨道继电器，在主接收器的轨道继电器电路中串接其他分支轨道继电器的前接点。

六、音频轨道电路

音频轨道电路具有检测列车占用和传递 ATP/ATO 信息两个功能。音频轨道电路皆为无绝缘轨道电路，用电气隔离的方式形成电气绝缘节，取代机械绝缘节，进行两相邻轨道电路的隔离和划分。

1. 音频无绝缘轨道电路

音频无绝缘轨道电路多为谐振式。谐振式又称电气隔离式，它是在轨道电路分界处，采用电容器和钢轨构成的电感组成谐振电路；另外，相邻轨道电路采用不同频率的信号电流，使轨道电路电气隔离。

早期的音频无绝缘轨道电路采用短路连接式，如图 2-19 所示。各相邻轨道区段采用不同的信号频率。在发送端，电容器及两段钢轨组成并联谐振电路。在接收端，也由电容器及两段钢轨组成并联谐振电路，从而使该轨道电路中只有其固定频率的信号被接收。轨道区段两侧的短路钢条用来确保相邻轨道电路区段互不干扰,并使两条钢轨中的牵引电流平衡。该轨道电路在接收端存在“死区”,具有一定的危险性。

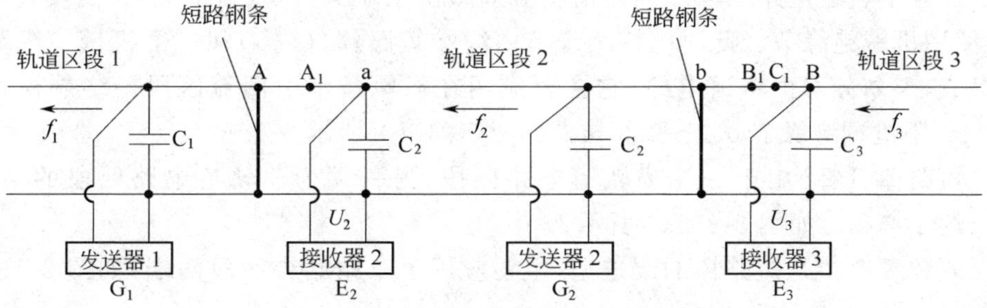

图 2-19 短路连接式音频轨道电路

为了克服上述缺陷,一般采用把短路钢条连成“S”形方式,称为 S 型连接式音频轨道电路,其原理如图 2-20 所示。发送器的一个输出端和接收器的一个输入端接在 S 形导线的中间。电容器 C_1 与钢轨 L_1 及“S”形导线的一半组成谐振于轨道区段 1 音频频率 f_1 的并联谐振电路;电容器 C_2 与钢轨 L_2 及“S”形导线的另一半组成谐振于轨道区段 2 音频频率 f_2 的并联谐振电路。两个并联谐振回路分别对 f_1、f_2 信号呈现高阻抗,以使信号能够发送、接收。C_3 与 L_3 组成谐振于轨道区段 3 音频频率 f_3 的并联谐振电路。

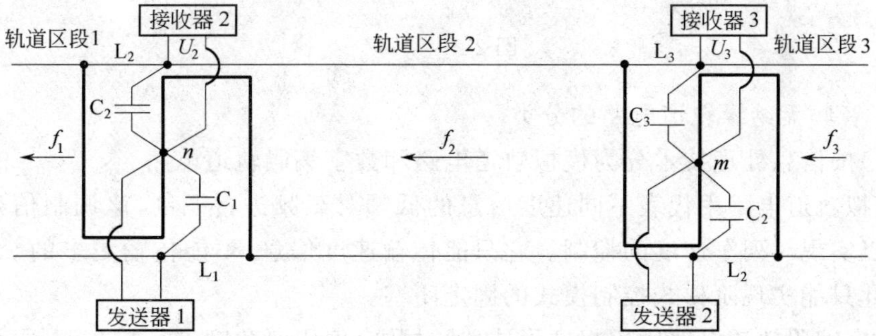

图 2-20 S 型连接式音频轨道电路

“S”形电缆将信号 f_1 与 f_2 阻隔,使它们不能向相邻区段传输。这样,就实现了 f_1 区段(轨道区段 1)与 f_2 区段(轨道区段 2)的相互隔离。

“S”形导线俗称“棒”,“棒”有 S 棒、O 棒、I 棒等种类。

一般情况下(主要是正线区间的轨道电路)相邻的轨道电路通过 S 棒隔离,如图 2-21(a)所示。它是镜像对称的,以 S 棒的中心线作为轨道区段的物理划分。S 棒长 7.8 m 左右,模糊区段长度小于或等于 3.9 m(指车压在 S 棒的 1/4 至 3/4 范围内,两边的区段都显示"轨道占用")。S 棒还起平衡两个走行轨牵引电流的作用。

在两个轨道电路区段之间需清晰分离或由于缺少空间(道岔处)无法安装S棒时,使用机械绝缘节。此时电气绝缘节由终端短路棒(O 棒)和一个机械绝缘节共同组成,来划分两个轨道电路,它主要应用在双轨条牵引回流区段。终端棒长约 3.5 m,距机械绝缘节 0.3～0.6 m。如图 2-21(b) 所示。

短路棒(I 棒)用于一端为轨道电路区段,另一端为非轨道电路区段的情况。棒长约 4.2 m。如图 2-21(c) 所示。

调整短路棒是短路棒的改进型,主要应用于车站站台区段两端,如图 2-21(d) 所示。

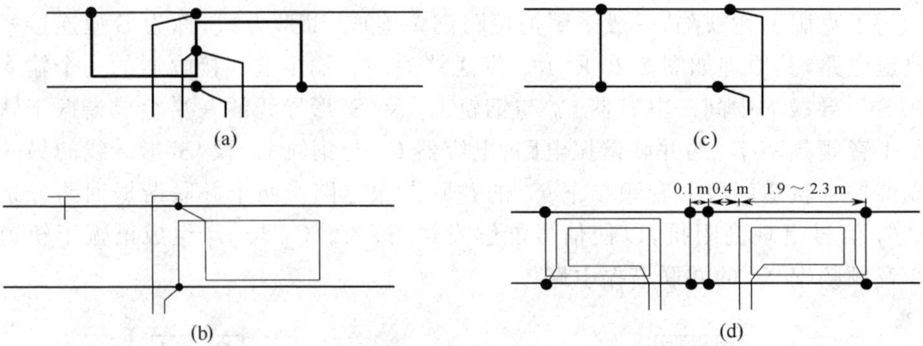

图 2-21 "棒"

2. 音频无绝缘轨道电路的分类

(1)按信息处理技术分为模拟轨道电路和数字编码轨道电路

模拟轨道电路用代表不同速度信息的低频对载频进行调制,该调制信号是模拟量,以实现对列车速度的控制。它只能传输速度信息,不能传输更多的 ATP 信息,因此只能实现阶梯式控制模式的固定闭塞。

数字编码轨道电路则用报文形式,通过数字编码对载频进行数字调频,该调制信号是数字量,以实现列车控制用各种信息(包括目标速度、目标距离、线路坡度、区间限制、轨道电路长度等信息)的传输。通过这种轨道电路可实现曲线式控制模式的准移动闭塞。

(2) 按调制方式分为调幅轨道电路和调频轨道电路

调幅轨道电路采用调幅的方式将低频信号调制在载频上予以传送。如 GRS 的音频无绝缘轨道电路即采用调幅方式,它用 2 Hz、3 Hz 去调制 2 625 Hz、2 925 Hz、3 375 Hz、4 275 Hz 作为检测列车占用。

调频轨道电路采用调频和数字调频的方式将低频信号或报文载在载频上，多数音频轨道电路均采用此种方式。例如，FTGS917 型轨道电路采用 9.5 Hz、10.5 Hz、11.5 Hz、12.5 Hz、13.5 Hz、14.5 Hz、15.5 Hz、16.5 kHz 作为载频，偏频为±64 Hz，+64 Hz 为“1”，−64 Hz 为“0”，进行数字调频。

3. 音频轨道电路举例

音频轨道电路有多种，现以国产化试验型数字轨道电路(DTC)为例。

数字轨道电路的主要功能是：实现列车占用检查并将此信息传至区域控制中心；接收区域控制中心的列车运行的目标速度、空闲轨道区段、临时限速信息、运行方向及进路信息等经轨道电路传送给列车。

数字轨道电路在 ATP 系统中起着信息传递的作用，轨道电路把控制中心发出的命令传递给列车，同时将列车的位置信息(以轨道电路区段单位)返回给控制中心，控制中心据此形成后续列车的控制命令。轨道电路具备双重作用——列车占用检测和信息传递。

区域控制中心(ICU)与 DTC 之间的信息交换是通过现场总线 CAN 来实现的，DTC 与车载系统之间的信息传递通过钢轨线路与车载传感器的配合来完成。

DTC 内部结构如图 2-22 所示。通信板接收 ICU 发出的列控命令，将数据解包后，分送给各个轨道电路发送、接收设备。发送板根据通信板送来的列控命令形成 DTC 信息，调制后送功放，经传输设备、钢轨回送至接收板。接收板对信号解调并判断轨道电路区段是否有列车占用，将此信息报告给通信板。通信板把轨道电路状态报告给 ICU。同时为了使 ICU 及时了解 DTC 设备的工作情况，各单元

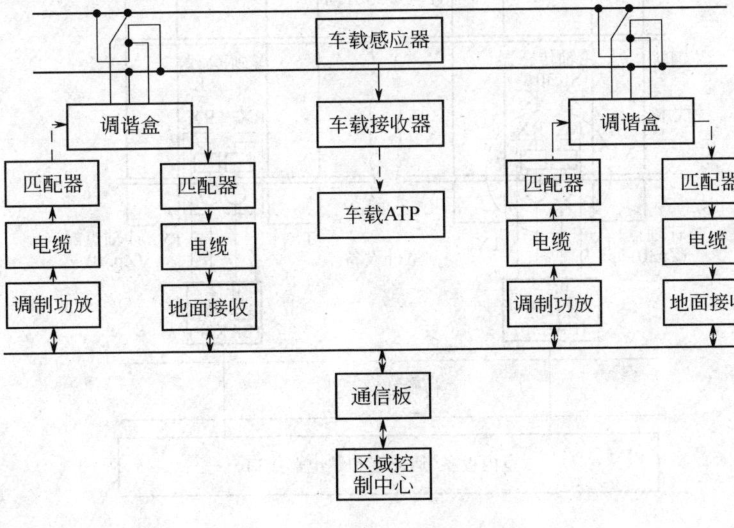

图 2-22 DTC 内部结构图

设备将自身的工作状态报告给通信板,然后由通信板将数据打包发送给 ICU。列车进入轨道区段后,通过装设在前部的传感器接收控制命令。

数字轨道电路采用谐振式电气隔离方式,设备集中在机械室,信号由电缆传送到钢轨。轨道电路与区域控制中心的接口采用数字方式,信息编码及轨道区段列车占用/空闲检测均为无接点方式。

第五节 计 轴 器

计轴器是用于完成计算车辆进出区段的轮轴数,分析区段是否有车占用的一种设备。它具有检查区段占用与空闲的功能,而且不受轨道线路的道床状况等影响。它采用轨道传感器、电子单元和计轴核算器来记录并比较驶入和驶出轨道区段的轴数,作为检查区段的安全设备,其作用和轨道电路等效。在采用 CBTC 的线路,不再采用轨道电路,而采用计轴器。当无线传输设备发生故障时,可用计轴设备检查列车的位置,构成"降级"信号。

一、计轴器的组成

计轴器由室内设备和室外设备两部分组成,如图 2-23 所示。室外设备有轮轴传感器(或称磁头)K_1、K_2 和电子连接箱;室内设备有运算器、继电器等,或采用微型计算机构成计轴器主机系统 ACE。室外设备和室内设备通过传输线路相连接。

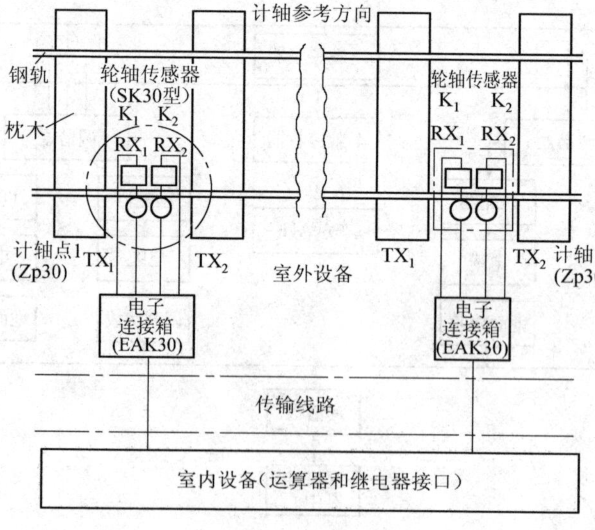

图 2-23 计轴器的组成

计轴器分为以下部分：

(1)计轴点，包括传感器和电气连接箱，主要用于产生车轴脉冲。

(2)信息传输部分，用来传递信息。

(3)计数部分，包括计数、比较、监督、表示等装置，对计轴点产生的车轴脉冲进行计数和确定列车运行方向，比较计轴点入口和出口所计轴数及记录计数结果。

(4)电源，提供可靠的供电。

二、计轴器的部件

1. 轮轴传感器

轮轴传感器又称磁头，为变耦合式电磁有源传感器，设有发送线圈和接收线圈，利用车轮铁磁体改变二者之间耦合关系，使电感或互感在车轮通过时发生变化，而产生轮轴信号。

设 K_1 和 K_2 两组磁头，每组磁头又由 1 个发送磁头(TX)和 1 个接收磁铁(RX)组成。发送磁头的信号来自电子连接盒的发送接收板。由于电磁感应作用，在接收磁头中感应出交流信号。该信号送到电子连接盒的发送接收板，输出一相应的直流电压。发送磁头和接收磁头由绕在铁氧体磁芯上的线圈和一并联电容组成，发送线圈和接收线圈磁芯的位置及钢轨的几何形状如图 2-24 所示，使得发送线圈 S 和接收线圈 E 所产生的磁通环绕过钢轨后形成两个磁通 Φ_1、Φ_2，它们以不同的路径、相反的方向穿过接收线圈 E。在无车轮经过传感器时，此时磁通 Φ_1 远大于 Φ_2，在接收线圈内感应出一定的交流电压信号。当车轮经过传感器，由于车轮的屏蔽作用，Φ_1 减小，而 Φ_2 增大，使 $\Phi_2>\Phi_1$，在接收线圈内感应的交流电压相位与发送电压相反，这个载有轮轴信息的信号，经整形、检波后产生一个轴脉冲。轴脉冲形成后，计轴过程完全由计算机软件来完成。

磁头 K_1 和 K_2 是交错设置的，两磁头产生的轴脉冲在时间上先后不同，可以判别是进入或是驶出车轮。当车轮从第一计轴点进入区段，在 K_2 处就会产生一个下降沿的“入”脉冲，说明进入一个车轮。如果车轮从第一计轴点离开，就会产生一个上升沿的“出”脉冲，说明驶出一个车轮。

2. 电子单元

电子单元 EAK 又称电子连接盒。电子连接盒内装有测轴点所用的电子电路印制板：核算器板和模拟板。电子连接盒用电缆接一对 TX/RX 磁头，分别向两个 TX 线圈发送调频电源，并接收及处理来自相应 RX 线圈的信息。

电子连接盒可以直接处理和计算进、出车轮轮轴数，将模拟车轮脉冲转变为数

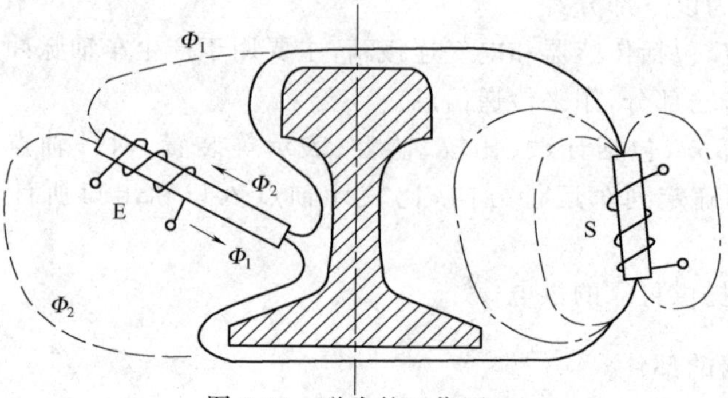

图 2-24 磁头的工作原理

字车轮脉冲，并将计数和计轴数据送到室内的计轴核算器。

3. 计轴核算器

计轴核算器 ACE 设于室内，由电源、计算机、串行输入/输出、并行输入/输出等构成。ACE 是一个安全型的二取二或三取二微机系统，每台主微机可管理配置 32 个区段。

ACE 的任务为：轮询所有计轴室外设备，并取得计轴数据，处理 32 个测轴点的数据；对计轴数据进行运算，确定计轴区段的状态，给出区段占用信息；通过串行数据网络与相邻 ACE 交换计轴数据；传输轨道占用信息和诊断数据；向计算机联锁系统输出所有计轴区段的状态；微机的自检、接口的自检、计算机或串/并行口发生与安全有关的故障时，均做出安全反应。

计轴核算器最终驱动轨道继电器。

三、计轴器的基本工作原理

计轴设备利用轨道传感器、计数器来记录和比较驶入和驶出轨道区段的轴数，以此确定轨道区段的占用或空闲，其工作原理是，当列车出发，车轮进入轨道传感器作用区时，微机开始计轴，轮对经过传感器磁头时，向微机传送轴脉冲，微机开始计数，判定运行方向，确定对轴数是累加计数还是递减计数。系统规定，凡进入防护区段的轮轴数进行加轴运算，凡离去防护区段的轮轴数进行递减运算。

四、计轴器的应用

对于无岔区段，在其两端各设一个测轴点，如图 2-25(a)所示。对于数个无岔区段构成的带形区段，其测轴点的设置如图 2-25(b)所示。对于无岔区段构成的重叠区段，其测轴点的设置如图 2-25(c)所示。

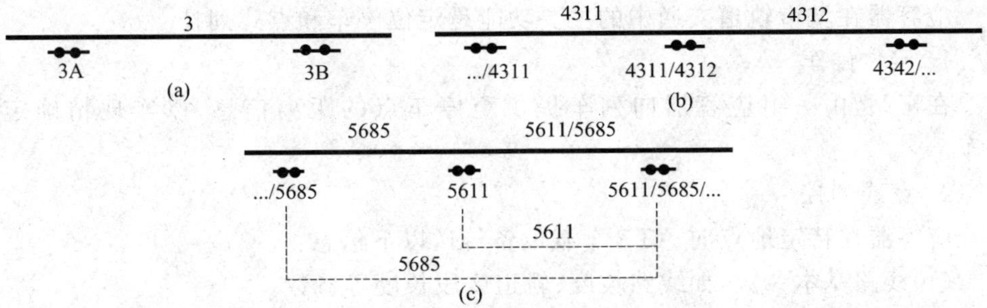

图 2-25　无岔计轴区段

对于道岔区段，在其岔前、岔后直向和岔后侧向各设一个测轴点，如图 2-26(a)所示。对于交叉点，其测轴点的设置如图 2-26(b)所示。对于交叉渡线，其测轴点的设置如图 2-26(c)所示。

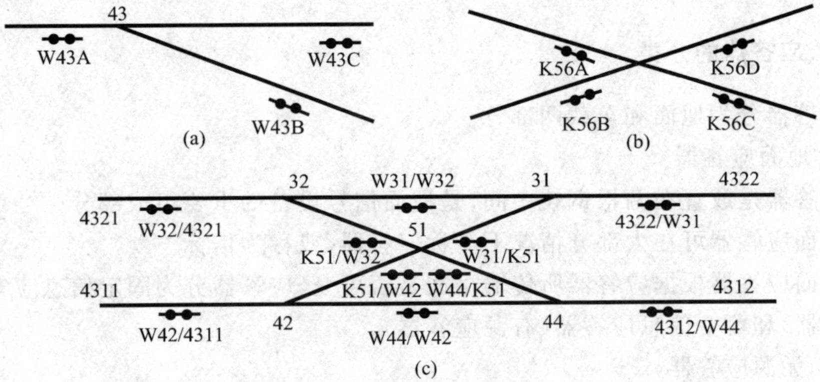

图 2-26　道岔计轴区段

第六节　应　答　器

应答器系统是一种采用电磁感应原理构成的高速点式数据传输设备，用于在特定地点实现地面与列车间的相互通信。应答器在城市轨道交通中应用广泛。列车接收到地面信息，通过车载控制系统得出最佳的运行速度，以保证行车安全。列车也可以根据接收到的信息确定列车在线路的精确位置。

一、应答器的功能

应答器必须具有的功能是：接收电能信号，探测、解调远程能量信号；产生链路信号，通过接口向列控车载设备传送报文；选择启动方式，确定是发送自身存储的报文还是发送接口来的报文。

应答器在城市轨道交通中的主要功能是定位停车和点式列控。

1. 定位停车

在车站，由一组应答器向列车提供至停车点的距离信息，以实现精确定位停车。

2. 点式列控

应答器在特定地点向 ATP 车载设备传送以下信息：

(1)线路基本参数：如线路坡度、轨道区段长度等参数。

(2)线路速度信息：如线路最大允许速度、列车最大允许速度等。

(3)临时限速信息：当由于施工等原因对列车运行速度进行限制时，向列车提供临时限速信息。

ATP 车载设备接收到这些信息后，形成允许速度，对列车运行速度进行控制。

二、应答器的分类

应答器分为地面和车载两部分。

1. 地面应答器

应答器是放置在两根钢轨中间，是地面信号设备的重要组成部分。

地面应答器可在大部分情况下简称应答器，或称为信标。

地面应答器根据应答器所传输报文是否可变，应答器分为固定信息应答器(无源应答器)和可变信息应答器(有源应答器)。

(1)无源应答器

每个无源应答器预先固定写入应答器报文，列车经过该应答器时，固定发送预先写入的报文。无源应答器用于发送固定不变的数据，如线路坐标、线路坡度、最大允许运行速度等信息。

(2)有源应答器

有源应答器通过专用的应答器电缆与地面电子单元 LEU 连接，根据 LEU 所发送的报文，实时变化地向列车传送信息，主要是信号机显示、道岔位置信息和临时限速信息。

2. 车载应答器

车载应答器又称为查询器。车载应答器向地面无源应答器发送电能，接收地面应答器发来的信息。

三、应答器的结构

1. 地面应答器的结构

地面应答器由壳体、电路板、灌封材料构成。壳体由玻璃纤维类材料热压而成;电路板安装在壳体内,它包含用于发送和接收的电磁感应耦合线圈。

(1)无源应答器的结构

无源应答器的接收部分由变换器、检波器和电压调节电路组成,发送部分由信源编码器、调制电路、放大电路组成。

通过报文读写工具可以改写无源应答器的数据报文,可以对无源应答器存储的数据报文进行读出、校核。

(2)有源应答器的结构

有源应答器传输系统由可变信息应答器、地面电子单元(LEU)、车站信息编码设备和连接电缆组成。

2. 车载应答器的结构

车载应答器包括:车载天线、解码器、载频发生器与功率放大器等。车载应答器完成车地的耦合联系,将能量送至地面应答器,接收地面应答器所储存的数据并传送至中央处理单元。

由车载载频发生器与功率放大器,提供用于产生激活地面应答器所需的载频能量,并通过车载天线传递给地面应答器。

由车载天线接收来自地面应答器的数据信息。解码器用于对地面应答器传送的信息进行接收、滤波、数字解调与处理。分析接收到的数据流,找出完整的报文,确定精确定位参考点;将处理好的报文数据,通过相应的接口,在约定的接口协议下传送至车载 ATC 相关的设备,如 ATP、ATO 模块,或车载显示单元,或无线设备。

四、应答器的工作原理

不论是无源应答器还是有源应答器,其工作原理相同的,即车载天线与应答器之间按电感耦合的原理进行工作。应答器平时不要求外加电源,处于休眠状态。当列车经过地面应答器上方时,当安装在列车底部的应答器天线与地面应答器之间的磁场达到了规定的范围时(有效作用长度≥0.5 m),应答器的感应线圈接收到 ATP 车载应答器天线发送的电磁能量(功率载频为 27.095 MHz±5 kHz),通过变换器、检波器和电压调节电路,将电磁能量转换为工作电源,启动信源编码器和调制电路工作,再经过低通滤波器整形后放大,把预先存储或 LEU 传送的应答器传输报文循环发送出去,直至车载天线离开应答器上方电能消失,应答器失去了电源,便停止数据发送。也就是说,应答器的工作电源由感应电压获取,仅靠瞬时接收车载天线的功率而工作,并能在接收到车载天线功率的同时向车载天线发送大量编码信息。

五、应答器的应用

1. 在车站定位停车中的应用

对于车站定位停车，是依靠一组地面标志器(就是应答器)提供至停车点的距离信息，以实现精确停车。

2. 在点式 ATC 系统中的应用

在点式 ATC 系统中，应答器(也称信标)作为车地通信的主要通道，传输 ATP 信息。

3. 在基于轨道电路的 ATC 系统中的应用

在基于轨道电路的 ATC 系统中，信标系统实现车地通信，接收来自列车的维修数据和 PTI 信息，进行重新定位。

4. 在 CBTC 系统中的应用

在 CBTC 系统中，应答器作为车地之间的点式通信通道，是连续式通信的后备模式。

复习思考题

1. 简述继电器的基本原理。
2. 继电器有什么作用?
3. 简述安全型继电器的结构和工作原理。
4. 交流二元继电器有何特点?
5. 简述 LED 信号机的结构。
6. LED 信号机有哪些优点?
7. 简述轨旁信号机的种类、设置和显示意义。
8. 转辙机有哪些作用?
9. 对转辙机有哪些基本要求?
10. 转辙机如何分类?
11. 简述 ZD6 系列电动转辙机的结构和工作原理。
12. 简述 S700K 型电动转辙机的结构和工作原理。
13. 何为外锁闭装置? 有何作用?
14. 简述 ZDJ9 型电动转辙机的结构。
15. 简述 ZYJ7 型电液转辙机的结构和工作原理。
16. 比较各类转辙机的异同。

17. 简述轨道电路的基本原理。
18. 轨道电路有哪些作用？如何分类？
19. 轨道电路在城市轨道交通中如何应用？
20. 简述交流工频轨道电路的组成和工作原理。
21. 简述音频轨道电路的组成和工作原理。
22. 计轴器有哪些部件组成？各有什么作用？
23. 计轴器在城市轨道交通中如何应用？
24. 简述应答器的结构和工作原理。
25. 应答器在城市轨道交通中如何应用？

第三章 联锁系统

联锁系统是城市轨道交通信号的重要组成部分,用来在车站和车辆段实现联锁功能,建立进路,控制道岔的转换和信号机的开放,以及进路解锁,以保证行车安全。联锁系统分为正线车站联锁系统和车辆段联锁系统。联锁系统现均采用计算机联锁。

第一节 联锁系统概述

一、联 锁

1. 联锁的基本概念

联锁是铁路信号保证行车安全的重要技术措施,指的是信号设备与相关因素的制约关系。广义的联锁泛指各种信号设备所存在的互相制约关系。狭义的联锁,即一般所说的联锁专指车站信号设备之间的制约关系。为保证行车安全,联锁关系必须十分严密。

有岔车站和车辆段内的线路用道岔联结着。列车和调车车列在站/段内运行所经过的径路,称为进路。按各道岔的不同开通方向可以构成不同的进路。列车和调车车列必须依据信号的开放而通过进路,即每条进路必须由相应的信号机来防护。如进路上的道岔位置不正确,或已有车占用,或敌对进路已建立,有关的信号机就不能开放;信号开放后,其所防护的进路不能变动,即此时该进路上的道岔不能再转换。信号、道岔、进路之间的这种相互制约的关系,称为联锁关系,简称联锁。

2. 联锁的基本内容

联锁的基本内容包括:防止建立会导致列车或调车车列相冲突的进路;必须使列车或调车车列经过的所有道岔均锁闭在与进路开通方向相符合的位置;必须使信号机的显示与所建立的进路相符。

进路上各区段空闲时才能开放信号,这是联锁最基本的技术条件之一。如果进路上有车占用,却能开放信号,则会引起列车、调车车列与原停留车冲突。这是绝对不容许的。

进路上有关道岔在规定位置才能开放信号,这是联锁最基本的条件之二。如果进路上有关道岔开通位置不对却能开放信号,则会引起列车、调车车列进入异线或挤坏道岔。信号开放后,其防护的进路上的有关道岔必须被锁闭在规定位置,而且不能转换。

敌对信号未关闭时,防护该进路的信号机不能开放,这是联锁最基本的技术条件之三。否则列车或调车车列可能造成正面冲突。信号开放后,与其敌对的信号也必须被锁闭在关闭状态,不能开放。

二、联锁设备

控制车站的道岔、进路和信号,并实现它们之间联锁关系的设备,称为联锁设备。

用电气的方法集中控制和监督全站的道岔、进路和信号机,并实现它们之间联锁的设备称为电气集中联锁设备,简称电气集中联锁。

电气集中联锁把全部道岔、进路和信号集中起来控制和监督,在一定程度上实现了站/段内行车指挥的自动控制,能准确及时地反映现场行车情况,不再需要分散控制时所需的联系时间,而且完全清除了因联系错误而引起的事故,因而大大提高了行车安全程度和作业效率,并且极大地改善了行车人员的劳动条件。电气集中联锁具有操作简便、办理迅速、表示完善、安全可靠等一系列优点。

计算机联锁用程序完成全部联锁运算,大大扩展了系统功能,并方便设计、施工、维修和使用。计算机联锁正在迅速发展,是联锁系统的发展方向。

三、联锁系统功能

联锁系统能够响应来自 ATS 的命令,在满足安全的前提下,控制进路、道岔和信号机,并将进路、轨道电路、道岔和信号机的状态信息提供给 ATS 和 ATP/ATO。

联锁功能包括:

(1)联锁逻辑运算:接收 ATS 或车站值班员的进路命令,进行联锁逻辑运算,实现对道岔和信号机的控制。

(2)轨道区段信息处理:处理列车检测功能的输出信息,以提高列车检测信息的完整性。

(3)进路控制:设定、锁闭和解锁进路。

(4)道岔控制:解锁、转换和锁闭道岔。

(5)信号机控制:确定信号机的显示。

四、联锁系统的基本要求

联锁系统应符合下列规定:

(1)确保进路上进路、道岔、信号机的联锁,联锁条件不符时,禁止进路开通。敌对进路必须相互照查,不得同时开通。

(2)装设引导信号的信号机因故不能开放时,应通过引导信号实现列车的引导作业。

(3)应能办理列车和调车进路,根据需要设置相应的防护进路。

(4)联锁设备宜采用进路操纵方式。根据需要,联锁设备可实现车站有关进路、端站和折返站折返进路的自动排列。

(5)进路解锁宜采用分段解锁方式。锁闭的进路应能随列车正常运行自动解锁、人工办理取消进路和限时解锁并应防止错误解锁。限时解锁时间应确保行车安全。

(6)联锁道岔应能单独操纵和进路选动。影响行车效率的联动道岔宜采用同时启动方式。

(7)车站站台及车站控制室应设站台紧急关闭按钮。站台紧急关闭按钮电路应符合故障—安全原则。

(8)联锁系统的操纵宜选用控制台。控制台上应设有意义明确的各种表示,用以监督线路及道岔区段占用、进路锁闭及开通、信号开放和挤岔、遥控和站控等。

(9)车站联锁主要控制项目包括:列车进路、引导进路、进路的解锁和取消、信号机关闭和开放、道岔操纵及锁闭、区间临时限速、扣车和取消、遥控和站控、站台紧急关闭和取消。

五、联锁图表

联锁图表是车站联锁设备间联锁关系的说明,采用图和表的形式来表示。它由信号平面布置图和联锁表两部分组成。联锁图表说明车站信号设备之间的联锁关系,显示了进路、道岔、信号机以及轨道电路区段之间的基本联锁内容。电路设计是根据联锁图表的要求严密进行的,联锁试验和竣工验收时也以联锁图表作为检查工程质量的重要依据。因此,联锁图表必须认真编制,避免任何差错和遗漏。

1. 信号平面布置图

信号平面布置图是编制联锁表的主要依据，为满足编制联锁表的需要，信号平面布置图上一般应有以下主要内容：

(1)联锁区范围内的线路及非联锁区中与联锁区有密切联系的线路布置及编号，正线应以粗线标出。

(2)正线的接车方向。

(3) 联锁区范围内所有道岔的定位状态。

(4)信号机、轨道电路区段(含无岔区段)等有关设备及其编号、名称和符号。

(5)信号机的灯光配列。

(6)轨道区段的划分，对不与信号机并置和不是渡线上的绝缘节或计轴点，应标出其坐标，侵限绝缘节或计轴点应用圆圈标出。

(7)与信号机位置有关的以及侵入限界绝缘节或计轴点处的警冲标坐标。

(8)道岔和信号机的公里标。

某折返站的信号平面布置图如图 3-1 所示。

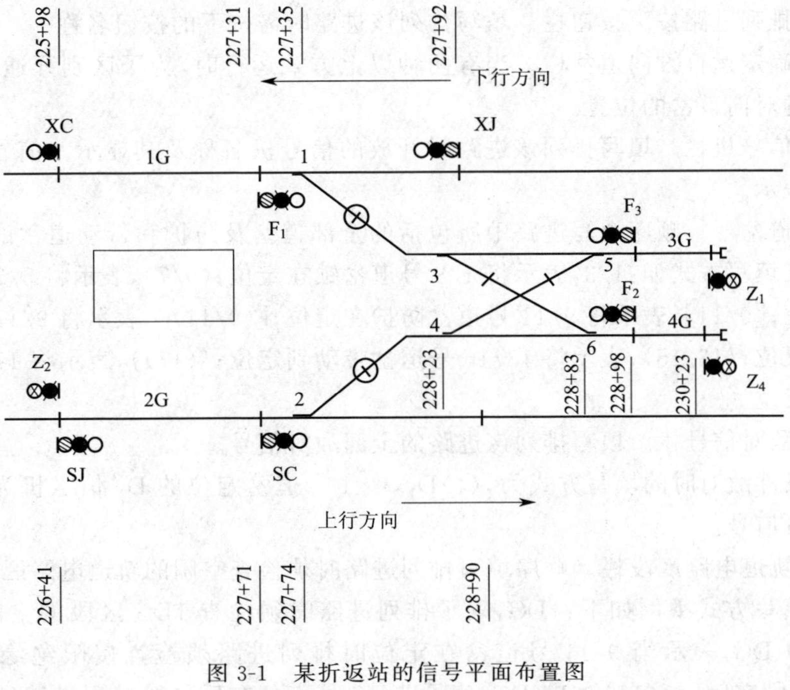

图 3-1 某折返站的信号平面布置图

图 3-1 中，XJ 为下行进站信号机，XC 为下行出站信号机，SJ 为上行进站信号机，SC 为上行出站信号机，F_1、F_2、F_3 为防护信号机，Z_1、Z_2、Z_4 为阻挡信

号机。

2. 联锁表

联锁表是根据车站信号平面布置图所展示的线路、道岔、信号机、轨道电路区段等情况，按规定的原则和格式编制的。联锁表以进路为主体，逐条地把排列进路需顺序按压的按钮、防护该进路的信号机名称和显示、进路要求检查并锁闭的道岔编号和位置、进路应检查的轨道电路区段名称，以及与所排进路敌对的信号填写清楚。

联锁表有以下各栏：

(1)方向栏。填写进路性质(通过、接车、发车、调车进路)和运行方向。

(2)进路号码栏。按全站列车进路、折返进路和调车进路顺序编号。

(3)进路栏。逐条列出进路、折返进路和调车进路。

列车进路：如将列车接至某区段时记作"至×G"。列车由某信号机发车时记作"由×信号机"。

调车进路：如由 $D_{\times\times}$ 信号机调车时记作"由 $D_{\times\times}$"。调车至另一顺向调车信号机时记作"至 $D_{\times\times}$"。调车至另一反向调车信号机时记作"向 $D_{\times\times}$"。

(4)排列进路按下按钮栏。填写排列该进路时需按下的按钮名称。

(5)确定运行方向道岔栏。当有两种以上方式运行时，为了区别开通的进路，填写关键对向道岔的位置。

(6)信号机栏。填写排列该进路时开放的信号机名称及其显示。信号机按显示颜色表示。

(7)道岔栏。顺序填写进路中所包括的全部道岔及防护和带动道岔的编号和位置。其填写方式如：1/3，表示将 1/3 号道岔锁在定位；(5/7)，表示将 5/7 号道岔锁在反位；[9/11]，表示将 9/11 号道岔防护在定位；[(9/11)]，表示将 9/11 号道岔防护在反位；{13/15}，表示将 13/15 号道岔带动到定位；{(17)}，表示将 17 号道岔带动到反位。

(8)敌对信号栏。填写排列该进路的全部敌对信号。

有条件敌对时的填写方式为，〈1〉D_1，经 1 号道岔定位的 D_1 信号机为所排进路的敌对信号。

(9)轨道电路区段栏。顺序填写排列进路时须检查空闲的轨道电路区段名称。

其填写方式举例如下：1DG，表示排列进路时须检查 1DG 区段的空闲，＜9/11＞5-11 DG，表示当 9/11 号道岔在定位时排列进路须检查侵限绝缘区段 5-11DG 区段空闲；＜(17)＞17 DG，表示当 17 号道岔在反位时排列进路须检查侵限绝缘区段 17DG 空闲。

某折返站的联锁表如表 3-1 所列。

表 3-1 某折返站的联锁表

进路性质	进路号码	进路	排列进路按下的按钮	信号机		道岔	敌对信号	轨道区段	其他联锁	自动进路	折返说明
				名称	显示						
列车进路	1	F_1—Z_1	F_1A、F_3 A	F_1/Z_1	U/H	(1)、3/6、4/5	F_3	1DG、3-5 DG、3G		否	
	2	F_1—Z_4	F_1A、F_2A	F_1/Z_4	U/H	(1)、(3/6)、[4/5]	F_2	1DG、3-5DG、4-6DG、4G		否	
	3	XJ—1G	XJ A、F_1 A	XJ	L	1	F_1	1DG、1G、3-5 DG		是	
	4	SC—Z_1	SC A、F_3 A	SC/Z_1	U/H	(2)、(4/5)、[3/6]	F_3	2DG、4-6DG、3-5 DG、3G		否	
	5	SC—Z_4	SC A、F_2A	SC/Z_4	U/H	(2)、4/5、3/6	F_2	2DG、4-6DG、4G		否	
	6	SC—下站 SJ	SC A、下站 SJ A	SC	L	2		2DG		是	
折返进路	7	F_3—XC	F_3 A、F_1ZA	F_3/ XC	L /H	4/5、3/6、(1)	F_1	3-5DG、1DG、1G		否	
	8	F_3—Z_2	F_3 A、SCZA	F_3/ Z_2	U/H	(4/5)、[3/6] (2)	SC	3-5DG、4-6DG、2DG、2G	2G 照查	否	
	9	F_2—XC	F_2 A、F_1ZA	F_2/ XC	U/H	(3/6)、[4/5]、(1)	F_1	4-6DG、3-5 DG、1DG、1G		否	
	10	F_2—Z_2	F_2 A、SCZA	F_2/ Z_2	L/H	3/6、4/5、(2)	SC	4-6DG、2DG、2G	2G 照查	否	
自动折返进路	ZZ_1	SC/ F_3 ZZ	SC/ F_3 ZZA								由 SC—Z_1 和 F_3—XC 组成站后折返进路 1
	ZZ_2	SC/ F_2 ZZ	SC/ F_2 ZZ A								由 SC—Z_4 和 F_2—XC 组成站后折返进路 2

第二节 计算机联锁系统概述

一、计算机联锁系统的基本结构

计算机联锁系统的功能要求与性能要求均比较高，既要求具有友好而准确的人机界面，同时又要求具有高可靠性与高安全性，只采用单层结构可能难以全面完成各项技术要求，需要采用上下两层乃至多层的分层结构。

就控制的层次而论，计算机联锁系统可分为人机对话层、联锁层和监控层，相应的可由人机对话计算机、联锁计算机以及控制器(也称作集中器)来承担各层的任务。这样，整个系统可以分为上、下两层，即上层为人机会话层，下层为联锁层，其具体结构如图 3-2 所示。

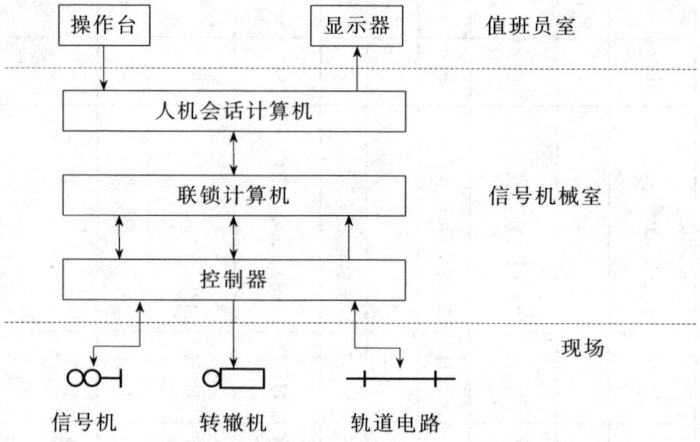

图 3-2 计算机联锁系统的层次结构图

1. 人机对话计算机

人机对话计算机(各种型号的计算机联锁称呼不一)的主要任务是接收来自控制台的操作输入，判明操作输入能否构成有效的操作命令，并将操作命令转换成约定的格式，由串行口输送给联锁计算机。另外，接收来自联锁计算机的表示信息，将它们转换成显示器或控制台能够接受的格式。

人机对话计算机所处理的信息不涉及行车安全，所以不要求该计算机具有故障—安全功能，但它必须十分可靠才能保证联锁系统正常工作。一般采用动态冗余的计算机结构。为了简单起见，可用人工方式控制它的切换。

既然人机对话计算机的功能是传送和生成操作命令和表示信息的，所以在有的系统中也将它作为联锁计算机与 ATS 的联系机构。

2. 联锁计算机

联锁计算机是联锁系统的核心部分，实现高可靠性的与高安全性的联锁功能。

联锁计算机接收来自人机对话计算机的操作命令，接收来自人机对话计算机的室外监控对象的状态信息，进行联锁逻辑运算，发出控制道岔转换和开放信号的控制命令。

联锁计算机与人机对话层的联系一般是经由串行接口实现的。

3. 输入输出接口

输入输出接口用来实现控制对象与联锁机之间的联系。

现多采用接口继电器，用以与现场设备联结，完成信息采集和控制命令输出的任务。也开始用电子模块来代替继电器。

另有维修机，可自动储存长达一个月的站场信息、值班员操作信息、联锁系统提供的提示信息、故障诊断信息的全部记录，并可在线以图像方式再现，便于维修。

控制台现多采用鼠标加 LED 显示器。

二、计算机联锁系统的可靠性与安全性结构

对于计算机联锁系统，既要求具有比较高的可靠性，又要求具有比较高的安全性。这是因为该系统不仅需要昼夜不停地连续运转，而且一旦出现故障，就有可能导致重大损失。所以，计算机联锁系统需要利用冗余技术，使其自身构成容错控制系统。

1. 避错技术和容错技术

不管计算机系统多么可靠、技术多么先进，从理论上讲，任何普通的计算机，由于其“0”、“1”逻辑的对称性及系统瞬间运算出错的可能性，决定了普通计算机系统并不具备故障安全特性，仅仅依靠自检的系统是不能用于信号安全系统的，这样的系统出现偶发的、不能再现的误动是完全有可能的，一旦出现问题，也很难查找和定位事故发生的原因及部位。

(1)避错技术

避错技术是通过对系统进行完善设计，力求使系统避免发生故障的一种技术。避错技术开始于计算机问世。它的基本思想是试图构造出一个不包含任何故障的“完美”系统。采用正确的设计尽量避免把故障引入系统，用质量控制、减载使用等方法避免故障的发生，以减少系统失效的可能性。随着计算机技术的发展，避错技术一直是提高计算机系统可靠性的基本方法。

避错技术有相当的局限性，这是因为系统故障概率的减少是有一定限度的，一个系统不发生任何故障是不可能的，因此必须采用容错技术。

(2)容错技术

容错,即当系统出现硬件或软件故障时,程序不会因系统中的故障而终止或被修改,并且执行结果也不会包含系统中故障引起的差错。即容许某种失效的存在,而使其后果不致造成系统工作失效,或能及时发现而缩短修复时间。容错的基本思想是:在系统的体系结构上精心设计,利用外加资源的冗余技术来达到掩蔽故障的影响,从而自动恢复系统或达到安全停机的目的。

容错技术主要依靠外加资源的方法来换取可靠性,外加资源有硬件、软件、时间和信息,因此容错技术的主要方法有:

①硬件冗余

通过硬件的堆积冗余或待命储备冗余来达到容错。硬件的堆积冗余可以体现在物理级的元件重复,也可以体现在逻辑域的多数表决。待命储备冗余体现在具有 n+1 个模块并带有检错和切换装置的计算机系统中。

②软件冗余

提高软件可靠性有两种方法,一是研究无错软件,二是研究容错软件。后者将具有设计差异、完成同一任务的不同软件组成一个有机整体,完成错误检测、程序系统及系统恢复等功能。

根据对故障处理方式不同,可以把容错技术分为动态冗余和屏蔽冗余。

动态冗余指主机故障时,备机(热备)自动代替。采用动态冗余的系统需要具有故障检测和动态切换功能。

屏蔽冗余,则将故障模块对系统的影响屏蔽掉。采取屏蔽冗余的系统具有表决功能。

2. 计算机联锁系统冗余结构

为了提高系统的可靠性和安全性,计算机联锁系统必须采用冗余结构。按处理故障的方式,冗余结构分为两大类,一类是故障切换结构,一类是故障屏蔽结构。

(1)故障切换结构

故障切换结构采用动态冗余技术。

这类结构又分为双机热备结构和二乘二取二结构。

在双机热备系统中,一个 CPU 执行联锁(主机),另一 CPU 虽然也进行联锁运算(热备),但无控制输出。双机热备系统的安全性是由主机来保证的。早期多采用双机热备系统。随着对信号系统安全性要求的提高,双机热备系统不能满足而不再发展。

为了使系统既具有可靠性又具有安全性,可采用了多重冗余构造,构成二乘二取二系统,共利用了四台计算机,其中的两台处于热备状态,如图 3-3 所示。

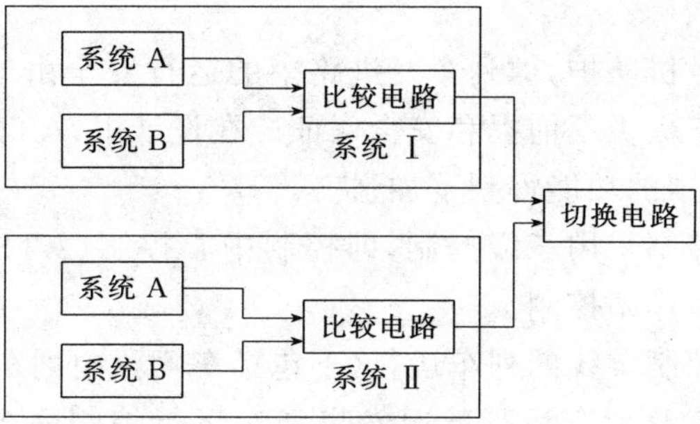

图 3-3　二乘二取二结构

在二乘二取二系统中，两个 CPU 构成一个子系统执行联锁任务（主机），另两个 CPU 处于热备状态（备机）。主机采用两个 CPU 各执行一套编码相同的联锁程序，并在码元一级，对两个 CPU 的操作进行比较以检测故障。只有当两个 CPU 同时发生了同样的故障才可能漏检，这种可能性是微乎其微的。

（2）故障屏蔽结构

故障屏蔽结构采用屏蔽冗余技术。

属于这类结构的目前只有三取二系统。在三取二系统中，3 个 CPU 运算结果两两进行比较，只要有两个 CPU 的运算结果一致时，就认为联锁系统处在安全可靠的运用状态。三取二系统如图 3-4 所示。

从功能角度来看，相当于有一个 CPU 系统的故障被屏蔽了。对于三取二系统来说，只有两个 CPU 同时发生相同的故障，才有可能产生危险输出，但这种可能性极小。

像故障切换系统一样，修复后的 CPU 系统其程序进程和数据必须与正在工作的 CPU 取得一致时，方可投入使用。

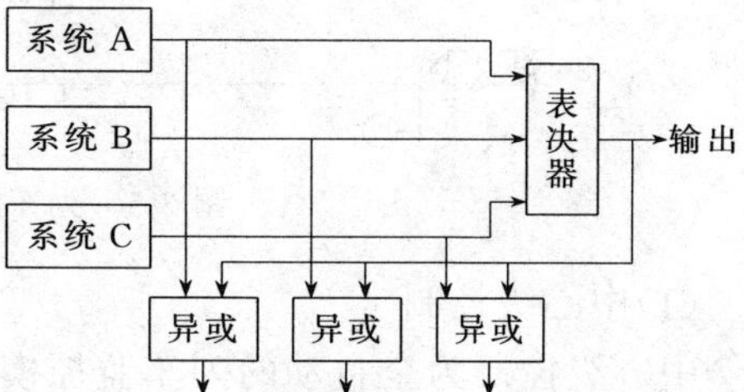

图 3-4　三取二冗余结构

采用三取二冗余结构需要妥善解决一些技术问题：三台计算机的同步运行；具有更高数量级的可靠性与安全性的表决器；故障机的及时切离与及时修复。

在长期的运用实践中，三取二结构也不能保证可靠性与安全性的要求，现在国内已停止，但国外的一些系统仍然采用。

三、城市轨道交通联锁系统的特殊情况

城市轨道交通联锁系统存在很多特殊的情况。例如，列车运行的三级控制、多列车进路、追踪进路、折返进路、联锁监控区、保护区段和侧面防护等。

1. 列车运行控制

列车进路由信号机防护，但列车在进路中的运行安全由 ATP 负责，这为城市轨道交通高密度行车提供了前提和安全保证。在设计中，ATP 与计算机联锁功能的结合，使计算机联锁的功能得到了加强。

列车运行进路控制采用三级控制，即控制中心控制（ATS 自动控制）、远程控制终端控制和车站工作站控制。

控制中心集中控制全线的列车运行（不包括车辆段内列车的运行控制）。系统根据列车运行时刻表及列车运行状况发出列车运行控制命令，并进行自动调整。在车站设置必要的自动控制功能，控制中心故障时，转入站级控制。如图 3-5 所示。

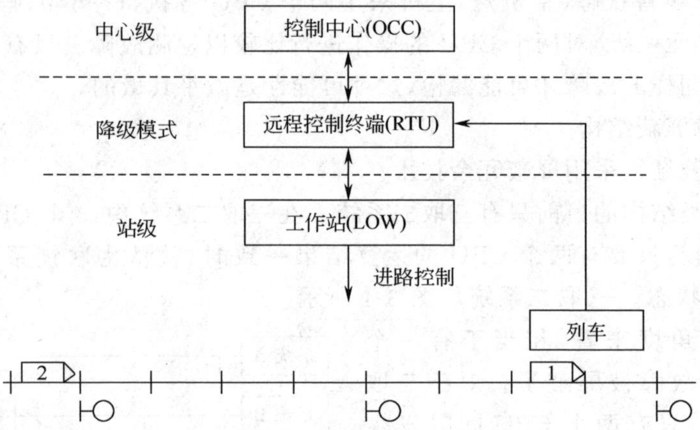

图 3-5　列车进路控制示意图

(1)中心级控制

中心级控制为全自动的列车监控模式，在该模式下，列车进路设置命令由自动进路设定系统发出，其信息来源于时刻表和列车运行自动调整系统。控制中心调度员也可以人工干预，对列车进行调整，操作非安全相关命令，排列和取消进路。

列车自动选路是 ATS 功能的一部分，其任务是与联锁设备协同为列车运行自动地排列运行进路。为达此目的，进路自动排列具有这样的功能：其自动操作单元具有自动操作功能，而联锁系统根据来源于控制中心的自动进路设定系统排列进路指令，负责实际的安全排列进路。当许可校核得出否定结果时，联锁系统将向 ATS 系统回送一个相应的信息，然后由 ATS 系统重复传输相同的控制命令，直至达到规定的次数和时间。

(2)远程控制终端的控制

在控制中心设备故障或控制中心与下级设备的通信线路故障时，控制中心将无法对远程控制终端进行控制，此时系统自动地转入列车自动控制的降级模式。在降级模式下，由司机在车上输入目的地码，通过列车上的车次号发送系统发出带有列车去向的车次号信息，远程控制终端自动产生进路控制命令，联锁系统根据来自远程控制终端的进路号排列进路。在这种情况下，系统不具备列车运行自动调整功能，但对于高密度的列车运行，用此功能可以节省车站操作人员大量的精力。

(3)站级控制

在站级控制模式下，列车运行的进路控制在车站值班员工作站执行，但此时只要控制中心设备及通信线路功能完好，自动进路设置仍可进行。站级控制时，列车进路的设定完全取决于车站值班员的意图，车站值班员选择通过联锁区的预期进路。联锁控制逻辑检查进路没有被占用，并且没有建立敌对进路，然后自动排列通过联锁区的进路，锁闭进路，在所有条件满足列车的安全运行后开放地面信号机，并允许 ATP 将速度命令传送给列车。信号机的开放表示通过联锁区的进路开通。

2. 多列车进路

进路分为单列车进路和多列车进路，这主要是因为城市轨道交通运行间隔小，车流密度大，列车的运行安全由 ATP 系统保护，所以在一条进路中可能出现多列列车在运行。如图 3-6 所示，$S_1 \to S_3$ 为多列车进路，只要监控区空闲，以 S_1 为始端的进路便可以排出，S_1 信号开放。

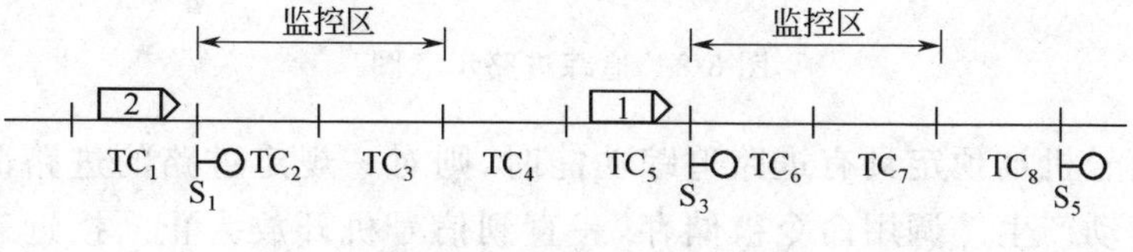

图 3-6　多列车进路示意图

对于多列车进路，当第 1 列车离开进路始端信号机后的监控区后，可以排列第 2 条相同终端的进路。第 2 条进路排出，第 1 列车通过后进路中的轨道区段直到第 2 列车通过后才解锁。

多列车进路排出后，如果是进路中有列车运行，则人工取消进路时，只能取消最后一次排列的进路至前行列车所在位置的进路，其余进路由前行列车通过以后解锁。人工取消多列车进路的前提是：进路的第 1 个轨道区段必须空闲。

如图 3-7 所示，$S_5 \to S_7$ 为多列车进路，列车 1 通过 TC_2、TC_3、TC_4 以后，这 3 个轨道区段正常解锁，这时，可以排列第 2 条进路 $S_5 \to S_7$，S_5 开放正常绿灯信号。如果列车 1 继续前进，则通过区段 TC_5、TC_6、TC_7 后，这 3 个区段不解锁，只有在列车 2 通过这 3 个区段后才解锁。

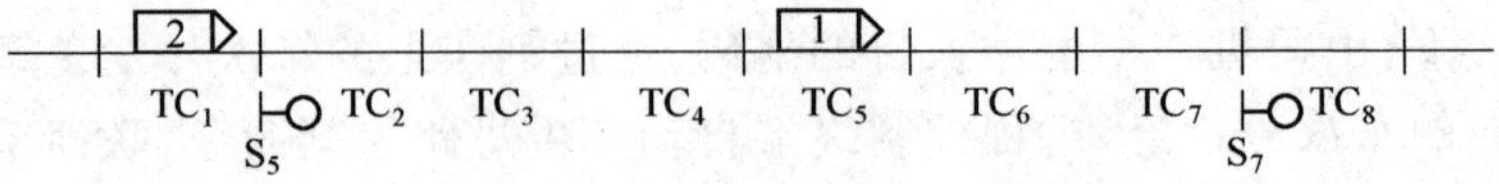

图 3-7 多列车进路排列图

若第 2 条进路排列后，又要取消，这时只能取消从始端信号机 S_5 到列车 1 之间的进路，其余的进路会随列车 1 通过后自动解锁。

3. 追踪进路

追踪进路为联锁系统本身的一种自动排列进路功能。列车接近信号机，占用触发区段(触发区段是指列车占用该区段时引起进路排列的区段，触发区段可能是信号机前方第 1 个接近区段，也可能是第 2 个接近区段，触发区段根据线路布置和通过能力而定)时，列车运行所要通过的进路自动排出。追踪进路排出的前提除了满足进路排出的条件外，进路防护信号机还必须具备进路追踪功能。

如图 3-8 所示，S_3、S_5 具有追踪功能，TC_1、TC_5 分别是以 S_3、S_5 为始端的进路的触发区段，列车占用 TC_1 时，$S_3 \rightarrow S_5$ 进路自动排出，S_3 开放。列车占用 TC_5 时，$S_5 \rightarrow S_7$ 进路自动排出，S_5 开放。

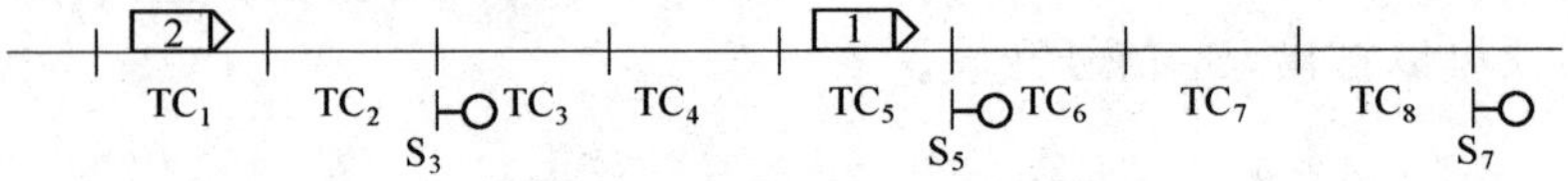

图 3-8 追踪进路示意图

当一信号机被预定具有进路追踪功能时，则对一规定进路的进路命令便通过接近表示自动产生。调用命令被储存，一直到信号机开放为止。接近表示将由确定的轨道电路的占用而触发。

当对一信号机接通自动追踪进路时，也可以执行人工操作。若接收到接近表示之前已人工排列了一条进路，则拒绝自动调用该进路，也不能储存重复排列进路。

假如排列的进路被人工解锁，则切断该信号机的自动追踪进路功能。

4. 折返进路

列车折返进路作为一般进路纳入进路表。通常，通过列车自动选路，追踪进路或人工排列的折返进路从指定的折返线开始。

5. 联锁监控区段

在装备准移动闭塞的城市轨道交通中，开放信号机前联锁设备不需检查全部区段，只要检查部分区段，这些被检查的区段叫做联锁监控区段。

联锁监控区段即排列进路时信号机开放所必须空闲的区段，一般为信号机内方两个区段，如监控区段内有道岔，则在最后一个道岔区段后加一区段作为监控区段。监控区段的长度，应满足驾驶模式转换的需要。

进路设有监控区段时，只要监控区段空闲，进路防护信号机便可正常开放。

列车通过监控区段后自动将运行模式转为ATO自动驾驶模式或SM模式（ATP监督人工驾驶模式），列车之间的追踪保护就由ATP来实现了。

6. 保护区段

为了保证列车的运行安全，避免列车由于某种原因不能在信号机停住而导致事故的发生，充分考虑了列车的制动距离及线路等因素，在停车点后设置了保护区段，即终端信号机后方的一至两个区段为保护区段。

进路可以带保护区段或不带保护区段排出。如进路短，排列进路时带保护区段；多列车进路无保护区段时，进路防护信号机可以正常开放。

当排列的运行进路无法成功地进行保护区段设置或延时保护区段设置没有成功时，保护区段可稍后设置，只要到达线路和指定保护区段的轨道区段空闲，并且设置保护区段的条件得以满足。

在设定的时间（预设值为30 s）截止之后，保护区段便解锁。延时解锁从保护区段的接近区域被占用时开始。

7. 侧面防护

城市轨道交通的正线道岔控制全部单动，不设双动道岔，所有的渡线道岔均按单动处理，也不设带动道岔。这些都靠采取侧面防护来防止列车的侧面冲突。侧面防护是指为了避免其他列车从侧面进入进路与列车发生侧面冲突。

侧面防护可以分成两种：主进路的侧面防护和保护区段的侧面防护。防护主进路的侧面防护叫主进路的侧面防护，防护保护区段的侧面防护叫保护区段的侧面防护。

列车进路需要侧面防护是为了保证其安全的运行径路，侧面防护由防护道岔确保，或者通过显示红色信号来确保。

道岔为一级侧面防护，信号机为二级侧面防护。排列进路时先找一级侧面防护，再找二级侧面防护。无一级侧面防护时，则将信号机作为侧面防护。

侧面防护必须进行超限计轴点的检查。

侧面防护的任务是，通过操作、锁定和检测邻近分歧道岔，使通向已排运行进路的所有进路均不能建立。侧面防护也可通过具有停车显示和位于有侧面防护要求的运行进路方向的主体信号机来获得。在进路表中已为每一条运行进路设计了侧面防护区域。

如果采用了一个道岔的侧面防护，而道岔的实际位置和所要求的位置不一致时，则应发出一个转换道岔位置的命令。

当该命令不能执行（如道岔因封锁而禁止操作）时，该操作命令将被存储直至要求的终端位置达到为止。否则通过取消或解锁该运行进路来取消该操作命令。

排列进路时，除检查始端信号机外，还检查终端信号机和侧防信号机的红灯灯丝，只有这两种信号机的红灯功能完好，进路防护信号机才能开放。

当要求侧面防护的运行进路解锁时，运行进路侧面防护区域也将解锁。

四、计算机联锁应用于城市轨道交通

1. 计算机联锁在城市轨道交通中的设置

在城市轨道交通正线，不是每个车站都设置计算机联锁，而是一个联锁区设置一套计算机联锁。一个联锁区包括一个集中控制站和数个非集中控制站。计算机联锁设在集中控制站。

每个车辆段设置一套计算机联锁。

2. 城市轨道交通中计算机联锁的类型

各型国产的计算机联锁，在城市轨道交通中都有应用，包括大部分正线和全部车辆段。

国产的计算机联锁，早期采用双机热备系统，有 TYJL-Ⅱ型、DS6-11 型、JD-ⅠA 型、VPI 型。近来，多采用二乘二取二系统，有 TYJL-ADX 型、TYJL-Ⅲ型、DS6-K5B 型、DS6-60 型、EI32-JD 型、iLOCK 型。

有些正线采用国外的计算机联锁，有 SICAS 型（三取二）、Micro LokⅡ型（双机热备）、PMI 型（二乘二取二）等。

3. 计算机联锁的控制和采集对象

在城市轨道交通中，计算机联锁的控制对象主要是各型信号机和转辙机，采集对象是信号机、转辙机、轨道电路或计轴器、

计算机联锁驱动信号继电器，以构成信号机点灯电路，控制信号显示。

计算机联锁驱动道岔操作继电器，以构成道岔控制电路，操作道岔转换。

4. 计算机联锁的和其他设备结合

(1)与 ATS 系统的结合

联锁系统与 ATS 设备互联，以便于向 ATS 中央系统提供正线车站/车辆段的进路状态、信号机状态、道岔位置、轨道区段状态等信息。正线车站联锁系统接受 ATS 的命令。

计算机联锁系统与正线车站/车辆段 ATS 设备间，采用可靠的隔离措施，以确保不影响联锁设备的正常工作。

(2)正线车站/车辆段联锁系统的结合

正线车站与车辆段之间的出、入段按列车方式办理;车辆段与正线车站间的接口电路考虑出段和利用转换轨调车时的联锁敌对照查条件以及对方防护信号机的状态显示;进、出段作业(转换轨至段内停车库)按列车方式办理。

(3)与紧急关闭按钮的结合

在综合后备盘(IBP)上,设置紧急停车按钮及相应表示灯。在紧急情况下,可按下车站控制室 IBP 盘上的紧急停车按钮或车站站台上的紧急停车按钮,实现对列车的紧急控制。非集中控制站的紧急停车按钮状态通过站间电缆送到集中控制站,再由计算机联锁(CBI)采集。同时,CBI 把该信息送给 ATC。CBI 与紧急停车按钮的接口是通过继电器实现的。

(4)与屏蔽门的接口

CBI 需能与屏蔽门(PSD)系统接口,通过继电器来实现,CBI 通过安全型输入/输出板去采集/驱动相应的继电器。

(5)与试车线设备的结合

试车线的联锁受车辆段计算机联锁设备统一控制,当需要对列车进行动态试验时,计算机联锁设备按非进路调车方式下放对试车线的控制权;试车完毕后,经试车线控制室交权,信号楼控制室重新收回对试车线的控制权,有关信号机关闭,道岔延时 30 s 解锁。

(6)车辆段联锁与洗车线设备的结合

在列车进入洗车库前,向洗车库设备室发出洗车请求,在得到同意后方可进入洗车库线进行洗车作业。

第三节 双机热备型计算机联锁系统

双机热备冗余结构的一个系统的 CPU 执行联锁(主机),另一系统的 CPU 虽然也进行联锁运算(热备),但无控制输出。对主机故障的检测是由一个 CPU 执行两套功能相同而编码各异以及诊断程序来实现的。双机热备结构是故障切换系统,当主机发生故障时,只有备机处在无故障的热备状态,才允许替代主机工作或者说才允许切换,否则可能产生危险后果。在不允许切换时,除非主机的 CPU 发生了故障,否则应坚持工作,以免造成全站作业的瘫痪。另外,故障修复后,联锁机内的程序进程和数据必须与主机取得一致时方允许作为热备机使用,否则也是危险的。双机热备系统为实现切换功能,必须实现双机通信、双机同步、单机自检测和双机切换。但是,双机热备系统是靠单机自我测试和监督的系统结构,由单机运行不能保证安全,而且存在着双机切换的问题,切换失败将产生危险后果。因此,已经不再发展双机热备型计算机联锁。

双机热备计算机联锁有 TYJL-Ⅱ型、DS6-11 型、JD-IA 型、VPI 型，各型双机热备计算机联锁先后停止发展，但仍然有不少在运用。国外的 Micro LokⅡ型也是双机热备系统。各型双机热备计算机联锁虽然各有特点，但基本结构和原理大体相同。本节以 TYJL-Ⅱ型为例进行介绍。

一、系统结构

TYJL-Ⅱ型计算机联锁为分布式多计算机系统，主要由控制台、监控机、联锁机、执表机和电务维修机组成。监控系统即人机接口，包括监控机和控制台。联锁机主要由计算机层、电源层、采集板、驱动板、零层等组成，完成逻辑运算。执表机只负责表示信息的采集和控制命令的执行，不参与联锁运算，类似简单的逻辑系。接口系统包括信息采集电路和输出驱动电路。

TYJL-Ⅱ双机热备型计算机联锁为分布式多计算机系统，系统结构如图 3-9 所示。控制台和维修机是单套配置；联锁机、执表机为主、备双套，具有热备和自动切换功能；监控机也实现了双机热备工作，两台监控机工作状态一致，由于控制台为单套配置，由此造成双套监控机的区别在于仅有一套与控制台相连，但可以通过控制台切换单元来更改连接方式。各备用计算机构成备用子系统，与工作子系统同步工作，也可脱离工作子系独立工作（备系对继电部分永远无控制权），故备用子系统还可作为软件修改时模拟联锁试验用。

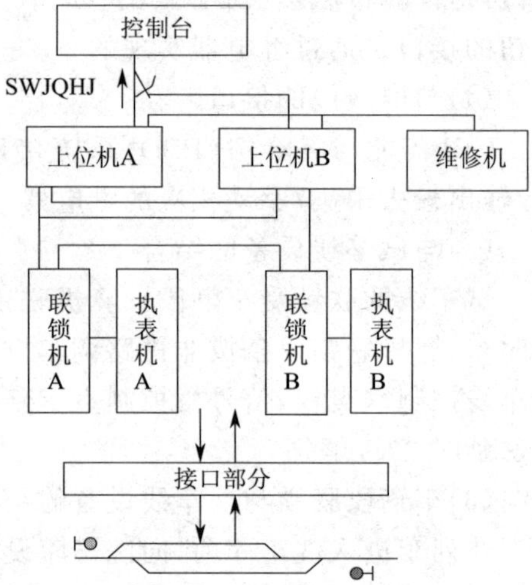

图 3-9 TYJL-Ⅱ型计算机联锁系统框图

系统（不包括现场设备）可划分为三个层次：监控机为上层，联锁机是核心层，第三层是继电接口电路。

二、系统组成

1. 监控系统

监控系统是计算机联锁系统的操作界面，即人机接口。系统的人机界面软件安装在监控机中，完成控制台屏幕显示、操作处理、进路预选、站场变化及设备工作状态记录、错误提示等功能。监控系统主要由监控机和控制台组成。

监控机(又称上位机)是监控系统的核心,监控机主要由工控机主机箱、键盘、15英寸显示器等组成。监控机作为计算机联锁的人机接口,接收站/段值班员的有效操作命令,提供站场图像显示和语音、文字提示与时钟信息,以及整个系统的工作状态信息、报警信息和简要的故障信息。监控机根据控制台发送的控制命令初选进路。监控机与联锁机进行通信,交换信息,向联锁机传送经初选的进路控制命令及其他操作命令信息,接收联锁机发送的道岔、信号机、轨道电路等表示信息。监控机自动存储信息,并和电务维修机交换信息。监控机同ATS系统通信,为控制中心提供站场信息。

控制台是系统使用的直接人机界面部分,也称MMI,由监控机管辖。其功能是显示站场状态,接受操作命令:将站场表示、进路状态、操作结果用彩色监视器的光带显示给操作人员;将操作人员的操作命令传输给监控机。目前推广应用最多的是鼠标控制台。它的最大特点是便于站场改造,无需改动硬件设备,操作简单方便。

控制台通过视频接口与监控机联系获得视频信息,通过音频接口与监控机联系获得语音信息,通过串口与监控机联系实现控制台的操作控制。

2. 联锁机

联锁机实现与监控机和执表机的通信调度;实现信号设备的联锁逻辑处理功能,完成进路确选、锁闭,发出开放信号和动作道岔的控制命令;采集现场信号设备状态,如轨道电路状态、道岔表示状态、信号机状态等;输出动态控制命令,驱动偏极继电器,控制动作现场设备。

在热备方式工作时,主备联锁机之间进行信息交换。当同步工作时,系统出现故障,能进行热切换。

3. 执表机

执行表示机简称执表机。执表机只负责表示信息的采集和控制命令的执行,不参与联锁运算,类似于简单的逻辑系统。不是所有的车站都有执表机,只有当联锁机柜的容量不能满足车站监控对象数量的需要时,才设执表机。

执表机接收联锁机发出的执行命令和向联锁机发送采集信息;采集现场信号设备状态,如轨道状态、道岔表示、信号机状态等;输出动态控制命令,控制现场设备。

执表机接收联锁机发出的控制命令,向联锁机发送采集信息。

4. 接口系统

接口系统指对外与现场设备相连,对内与主控系统相连的电路系统,主要由继电电路、配线和结合电路以及防护电路等组成。TYJL-Ⅱ型计算机联锁系统以继电器为界面进行控制和信息采集。

5. 电务维修机

为了方便电务维修人员更好地维护计算机联锁系统,系统中增加了电务维修机(简称维修机)。维修机通过与监控机连接,接收监控机送来的系统运行状态的各种信息,储存记录系统的全部运行信息,向监控机传送修改后的时钟信息。

维修机是计算机联锁系统的重要辅助设备,为维修人员提供人机界面,与其他系统的连接一般也是通过维修机实现的。

电务维修机具有:屏幕显示功能、记录功能、图像再现功能、时钟功能、与远程诊断设备的通信功能、与信号集中监测的接口功能等。

三、系统的切换

双机系统的最大特点是单系统故障及维修时不影响整个系统的使用功能,可以使系统的可用性得到极大的提升;而热备功能的实现可有效地使整个系统正常工作的持续能力即可靠性也得到明显改善,因为其在备用系统转换为工作系统的切换过程中,系统的工作不受任何影响。

双机热备系统多采用切换技术,从系统中撤除出现故障的模块。双机热备系统中双套单机同时执行相同的任务,各有自检测功能,并要求有比较器(可由软件和硬件组成),在工作机出现故障时发动切换。显然,切换是关键所在,并且对计算机联锁系统而言,切换的安全性更为至关重要,系统切换的缺陷可能会导致险性事故的发生。

为实现切换功能,必须解决的双机通信、双机同步、单机自检测和双机切换四个技术问题。联锁系统主、备两机之间增设了信息交换通道。由备机作为通信主站,定时呼叫主机,进行通信。用两机间的“定点”通信来实现双机同步。采用多重技术提高系统的自检和诊断能力。在满足双机切换的条件下进行切换倒机。

第四节　二乘二取二计算机联锁

为进一步提高计算机联锁系统的可靠性和安全性,开发了二乘二取二计算机联锁。该计算联锁系统的联锁机有两套,每套内有双 CPU,满足“故障—安全”要求。属于这类计算联锁的有 DS6-K5B、TYJL-ADX、EI32-JD 型,以及 iLOCK 型、DS6-60 型和 TYJL-Ⅲ型计算机联锁。前三种是采用国外的硬件、国内的软件,后三种是完全国产化的系统。国外的 PMI 型也是二乘二取二系统。各型二乘二取二计算机联锁虽然各有特点,但基本结构和原理大体相同。本节以 DS6-60 型为例进行介绍。

DS6-60 型计算机联锁是在引进、消化、吸收国际先进的计算机联锁技术,建立在符合欧洲铁路安全标准的高起点上的、自主开发的系统。DS6-60 系统具有二乘二取二的故障—安全结构,具有完全自主知识产权的核心技术。

一、系统层次结构

DS6-60 系统是一个三层的系统，分别为人机对话层 MMI、联锁逻辑控制层 CIL、执行表示层 IO 层，如图 3-10 所示 。对应系统的层次结构提供了包含人机界面功能，联锁中央逻辑控制功能和联锁 I/O 功能三个相对独立的功能部分，通过通信将各个子系统相互连接，共同完成联锁系统功能。

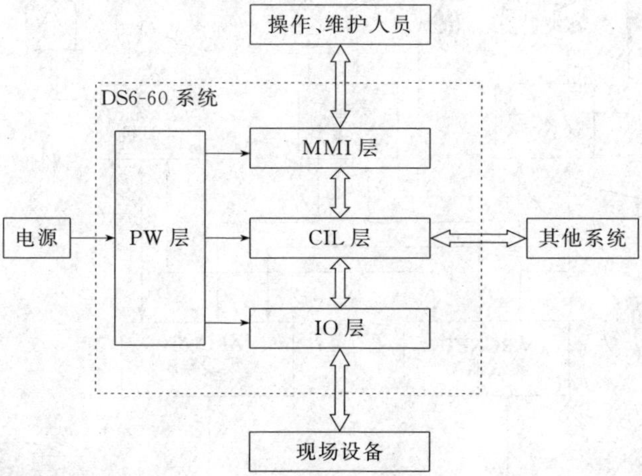

图 3-10　DS6-60 系统层次结构

1. 人机对话层(MMI 层)

人机对话层由控显机、监测机组成，通过可视化的人机界面，提供操作和维护人员向系统输入控制命令并获得行车作业及设备工作状态信息，完成操作界面显示、系统状态显示、系统运行状态和故障记录。

2. 联锁逻辑控制层(CIL 层)

联锁逻辑控制层由中央逻辑控制单元及相关接口组成，是联锁系统的核心，主要完成联锁逻辑运算和控制。接收来自人机对话层的操作信息和执行表示层的信号、道岔、轨道电路等设备状态信息。根据以上信息通过安全计算机进行安全逻辑运算，产生相应的控制输出，通过执行表示层对信号设备进行实际控制。

3. 执行表示层(IO 层)

执行表示层由 IO 输入控制单元、IO 输出控制单元构成，主要完成输入信息的采集处理和输出状态控制。

三层之间通过安全可靠的通信传递各子系统的信息以支持整体系统的信息处理。MMI 层与 CIL 层之间采用 ARCNET 通信，通信线路采用光纤连接，完成两层设备之间的数据通信；I/O 层与 CIL 层之间采用高速串行总线通信，通信线路采用光纤连接，完成联锁与 I/O 的数据通信。

另有电源层(PW 层)，为上面三层所有子系统的设备提供所需的高可靠电源。

二、系统组成

DS6-60 计算机联锁系统组成如图 3-11 所示。

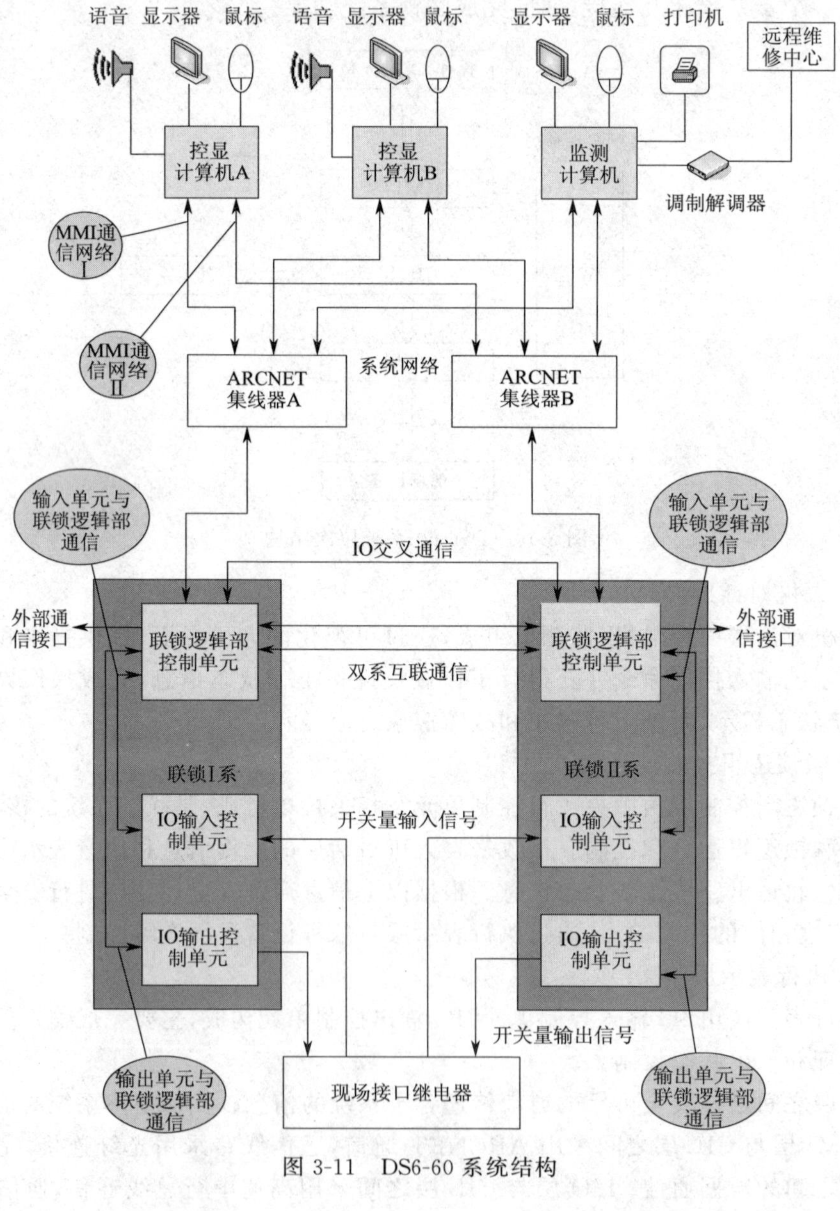

图 3-11 DS6-60 系统结构

系统网络位于 MMI 层与 CIL 层之间，完成两层设备之间的互联，并提供数据通信功能。

双系互联通信是为两系之间提供一个独立的通信通道，用于完成两系之间的数据交换功能。

输入单元互联通信为本系的中央逻辑控制单元与 IO 输入控制单元之间提供通信通道，用于完成两者之间的数据和命令传送。

输出单元互联通信为本系的中央逻辑控制单元与 IO 输出控制单元之间提供通信通道，用于完成两者之间的数据和命令传送。

机房内设备为四个标准机柜，分别为电源柜、控显柜、联锁柜、输出柜，以及一个监测台。

1. 中央逻辑控制单元(联锁逻辑部)

联锁逻辑部是具有二乘二取二冗余结构的故障—安全处理系统。联锁逻辑部由两系构成，分为Ⅰ系和Ⅱ系。每系中有两个相同的、独立的处理器，各自通过自己管理的系统总线与其他子系统通信，运行联锁逻辑产生相应的控制命令。两个处理器通过公共时钟源实现任务级同步，对它们的运算结果进过交换后进行比较，当比较一致时各自给出有效的输出，比较不一致时使输出导向安全侧。这就构成保证安全的任务级二取二比较。

任一系都可以独立二取二运算和输出比较，双系采用主从方式运行，通过系间串行高速总线实现双系数据信息交换和系同步切换，在每个运行周期进行同步数据交换和比较，当主系发生故障时完成主从系转换。即当主系故障时，主系主动降级，从系升为主系；当从系故障时，从系主动降级，不影响主系控制。从系在取得主系同步数据与主系同步数据进行比较，比较不一致时从系主动降级，重新与主系取得同步。从系每个运算周期接收主系发送得周期开始同步信号作为自系周期开始信号，达到从系与主系周期同步。这就构成保证可靠的二乘二冗余。

2. 输入输出控制单元

输入输出控制单元包括输入子系统和输出子系统。输入输出控制单元是一个具有双 CPU 控制的故障—安全处理系统。

输入子系统是由多个输入机笼组成，双系冗余配置。每一个输入机笼是一个具有双 CPU 控制的故障—安全处理系统。输入子系统以脉冲方式通过输入板对继电器接点状态进行采集，并将结果发送至联锁逻辑部。

输出子系统由多个输出机笼组成，双系冗余配置。每一个输出机笼是一个具有双 CPU 控制的故障—安全处理系统，输出子系统通过两个 CPU 完成二取二控制。CPU A 和 CPU B 分别接收联锁逻辑部内 CPU A 和 CPU B 下发的控制命令，通过对控制命令校验后，各自控制一套独立的驱动电路进行动、静态不同方式的驱动。输出单元采用双断控制，动态和静态两路驱动串联输出，静态和动态输出分别由输出机笼内的两个独立的CPU单元控制，当一路输出无效时，总输出为无效，构成硬件相异的二取二故障—安全输出，从而保证输出的安全性。

3. 控显子系统

控显子系统为车站值班员提供站场图形实时显示和下发操作命令，同时完成操作提示、系统故障报警、设备故障报警等。

为提高系统可靠性，设置两套相同配置的控显主机，各自连接一套显示器和鼠标，平时同时在线运行。用户可以选择任意一台控显机使用，或者同时使用两台控显机。

4. 电务维护子系统

电务维护子系统包括：监测机、键盘、鼠标、显示器、打印机。监测机具有实时记录及历史回放功能。电务维护人员可以通过鼠标、键盘、显示器、打印机查询或打印输出各类监测信息。

第五节　计算机联锁的操作使用

所有国产的计算机联锁在城市轨道交通中都有运用，也有一些国外的计算机联锁用于城市轨道交通中。虽然它们的操作使用有相同之处，但是具体情况各有特点。本节以JD系列计算机联锁为例进行介绍。

一、屏幕显示

某车辆段的屏幕显示如图3-12所示。

1. 线路

轨道区段空闲且在解锁状态时呈青色；轨道区段空闲且在锁闭状态时呈白色；轨道区段有车或发生故障时呈红色。

2. 绝缘节

绝缘节以白色短竖线（交叉渡线处的以短横线）表示；侵限绝缘以红圆圈中的红色竖线表示。

3. 道岔

道岔状态在站场图的相应道岔处和道岔按钮处均有显示。

(1)站场道岔处的显示

道岔的开口表示当前线路断开的一侧，经由道岔的线路以实线连接为当前开通方向，线路的开口（道岔开口）表示了当前道岔的开通方向。

道岔暂时（如正在转换）失去表示时，线路断开。

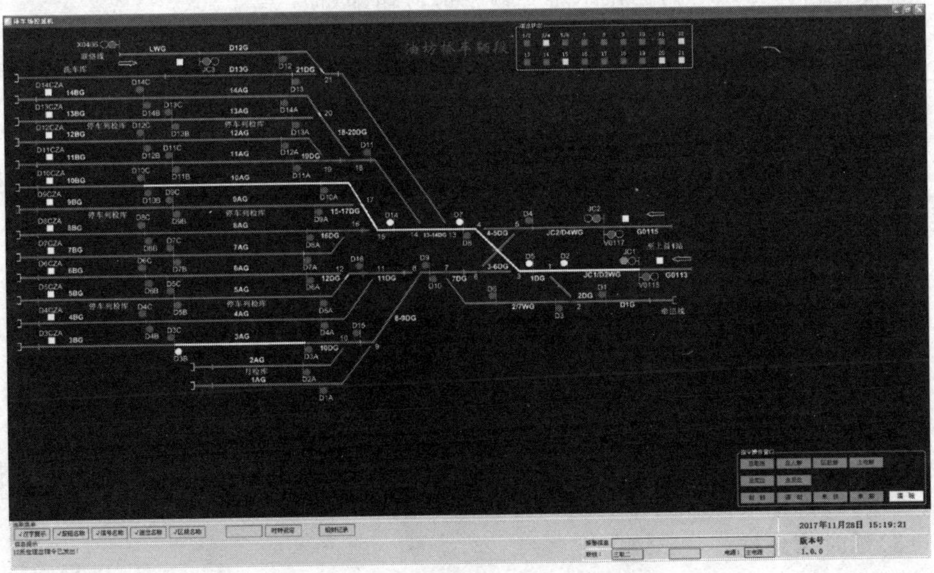

图 3-12 某车辆段屏幕显示

道岔挤岔时，线路上挤岔的岔心闪红光，并有语音报警。

道岔单封时，道岔岔心处出现蓝色圆点。

道岔单锁时，道岔岔心处出现红色圆点。

(2)道岔按钮处的显示

道岔在定位时，按钮呈绿色。

道岔在反位时，按钮呈黄色。

道岔转换时，按钮呈灰色。

道岔挤岔时，按钮呈红色。

道岔单封时，道岔按钮名呈蓝色。

道岔单锁时，道岔按钮名呈红色。

4. 信号复示器

列车信号复示器在信号机关闭时呈红色，信号开放时其颜色与室外信号机显示一致，灯泡断丝时闪红光。

调车信号复示器在信号关闭时呈蓝色，信号开放时呈白色，灯泡断丝时闪蓝光。

5. 信息自动提示框

(1)操作或联锁出现异常的提示框

操作或联锁出现异常的提示框在屏幕左下角，该框中能提供以下信息：

①操作错误——按钮操作不符合规定或按钮配对有误。

②操作无效——按钮操作符合规定，但因条件不满足而无法执行，例如办理敌对进路操作。

③进路选不出——在进路选排过程中，因条件不满足而选不出。

④进路不能锁闭——进路选排成功后因进路锁闭条件不满足而无法锁闭进路。

⑤信号不能开放——开放信号的条件不满足。

⑥信号不能保持——信号开放后因保持条件不满足而不能保持开放。

⑦命令不能执行——在进路或道岔锁闭期间，无法实现的操作命令。

⑧不能自动解锁——因某种故障使进路不能自动解锁。

(2)故障报警框

当发生联锁机故障、断路器脱扣、挤岔、电源屏故障等故障时，框内提供汉字报警信息，而且该框的底色为红、蓝交替闪烁。

(3)延时信息框

反映人工解锁、接近锁闭后的区段故障解锁、延续进路解锁、第一区段故障时引导造成开放信号或股道上道岔解锁的延时解锁的时间变化情况。框内显示相应的信号名、区段名和倒计时信息。例如，“S_3人解 :14”表示上行 3 股道发车进路人工解锁尚需延时 14 s。

(4)联机信息框

反映操作表示机(又称操表机)、联锁机、电务维修机以及操表机与联锁机之间的通信网的状态。

①操表机

对应两台上位机设有两个显示方块，左方块代表 A 机，右方块代表 B 机。绿色方块表示该机处于主控状态；黄色方块表示该机处于备机(热备)状态；红色方块表示该机处于脱机或停机状态。当方块的上半部分为红色时，表示与该机连接的第 1 通信网失效；下半部分为红色时，表示与该机连接的第 2 通信网失效。

②联锁机

显示内容及方式同操表机。

③电务维修机

设一个显示框，绿色表示该机正常运行，红色表示该机停止运行。

二、按钮配置

按钮分三类：信号按钮、道岔按钮和功能按钮。

1. 信号按钮

信号按钮用来办理进路、重复开放信号，和总取消按钮配合进行进路的取消，和总人解按钮配合进行进路的人工解锁。

对于进段信号机设一个列车信号按钮(信号按钮又称进路按钮)。对于调车信号机，设一个调车信号按钮。对设于尽头的阻挡信号机，不设信号按钮。在停车/列检线终端，设进路终端按钮。

若设计有引导功能，则每架进段信号机设一个引导信号按钮，每个咽喉设一个引导总锁闭按钮。

2. 道岔按钮

道岔按钮每组道岔设一个。它们集中设在屏幕的右上部。在道岔单操、单锁、单解、单封、解封时，都要被按压。

3. 功能按钮

功能按钮包括：单锁、单解、单封、解封、总定位、总反位、总人解、区故解、总取消、清除按钮。功能按钮每个咽喉设一套。它们集中设在屏幕的右下部。

单锁、单解、单封、解封按钮和道岔按钮配合，分别用来进行道岔的单独锁闭、单独解锁、单独封闭、解除封闭。总定位按钮和道岔按钮配合，将道岔单独操纵到定位。总反位按钮和道岔按钮配合，将道岔单独操纵到反位。总取消按钮和始端信号按钮配合，进行进路的取消。总人解按钮和始端信号按钮配合，进行进路的人工解锁。区故解按钮和区段按钮配合，进行故障区段的解锁。清除按钮用来清除误按的按钮等。

三、操　作

1. 系统上电解锁

当系统停电恢复，联锁机、操作表示机重新供电或进行人工切换时，全场处在锁闭状态。在确认所有车已停止运行时，可按压“上电解锁”按钮和输入正确的口令，系统自动解锁所有道岔区段后，才能进行正常办理。平时有信号开放或有完整进路时不允许用上电解锁功能。

2. 办理列车进路

①办理列车基本进路

办理列车基本进路的操作是：先按压始端信号按钮，再按压终端进路按钮。

按压始端按钮后，信号机名闪烁，进路建立过程中，屏幕显示出有关道岔的动作情况。进路建立成功，进路呈白色光带，信号名呈白色。信号开放后，信号复示器给出相应显示。

②办理列车变通进路

办理列车变通进路的操作是：顺序按压始端信号按钮、变通按钮和终端进路按钮。

显示与基本进路相同。

③重复开放信号

办理重复开放信号的操作是：按压始端信号按钮。

信号复示器显示开放信号。

3. 办理调车进路

①办理调车基本进路

办理调车基本进路的操作是：先按压始端信号按钮，再按压终端信号按钮。

终端信号按钮是同方向的单置调车信号机的信号按钮、反方向的并置或差置调车信号机的信号按钮、反方向的尽头线调车机的信号按钮或专设的调车终端按钮。

显示类似于列车基本进路。

②办理调车变通进路

办理调车基本进路的操作是：顺序按压进路始端按钮、变通按钮（反向单置调车信号机的信号按钮或专设的变通按钮）、进路终端按钮。

显示类似于基本进路。

③办理长调车进路

办理长调车进路的操作是：先按压始端信号按钮，再按压长调车进路的终端信号按钮。或者分段办理。

长调车进路的调车信号机由远及近地开放。

④重复开放信号

办理重复开放信号的操作是：按压始端信号按钮。

信号复示器显示开放信号。

4. 进路或轨道区段的解锁

①取消进路

在进路处于预先锁闭状态、进路空闲、轨道电路无故障、道岔位置正确时，可取消进路。

取消进路的操作是：按压总取消按钮和始端信号按钮。

办理取消进路后，信号关闭，进路白光带消失。

②人工解锁进路

在进路处于接近锁闭状态、进路空闲、道岔表示正确时，可人工解锁进路。

人工解锁进路的操作是：先按压“总人解”，按提示输入口令，再按压始端信号按钮。

办理人工解锁后，自信号机关闭，延迟到规定的时间（列车进路 3 min，调车进路 30 s，屏幕上有延时提示），进路白光带消失。

③轨道区段故障解锁

在被解锁的区段不在列车运行的前方而且该区段轨道电路无故障时，可办理轨道区段故障解锁。

轨道区段故障解锁的操作是：先按压："区故解"按钮，按提示输入口令，再按压待解锁的区段按钮。

在按压"区故解"按钮并输入口令后，该按钮呈红色，同时所有需要解锁的区段处呈红色区段名，该区段名就是区段按钮。点击区段按钮，相应区段的白光带消失。

在连续解锁多个区段的情况下，除了解除第一个区段时需按上述操作外，解锁其他区段只需点击"区故解"和"区段名"按钮，而不需输入口令码，以便提高操作效率。

在进路处于接近锁闭状态和列车未驶入进路的情况下，因轨道电路故障而不能人工解锁进路，需按区段故障解锁方式解锁。此时，必须先使进路内方某一轨道区段按故障解锁方式延时解锁，以后各区段解锁不用延时。在延时期间办理其他区段解锁无效。

5. 引导进路的办理与解锁

引导进路的办理与解锁分为三种方式：进段进路已锁闭后转为引导锁闭；进段进路不能锁闭办理引导进路锁闭；引导总锁闭。

(1)接车进路锁闭后转引导进路

进段进路已经锁闭，由于某种故障不能开放允许信号时，需办理引导进路锁闭。

①办理引导进路

当进段信号机内方第一轨道区段无故障时的操作为：按压引导信号按钮，按提示输入口令。引导信号开放后保持到列车驶入进段信号机内方或人工关闭时为止。

当进段信号机内方第一轨道区段故障时的操作为：按压引导信号按钮，按提示输入口令。此后必须断续地点击引导信号按钮。重复点击的间隔时间不应超过 14 s，否则引导信号自动关闭。

②解锁引导进路

在这种情况下，对进路实施了双重锁闭，即进路锁闭和引导锁闭。在解锁时，需先解除引导锁闭，后解除进路锁闭。

列车到达股道后，先解锁引导锁闭，按压"总人解" 按钮，按提示输入口令，接着按压始端信号按钮;然后按“区故解”方式解除进路锁闭。

③取消引导进路

在这种情况下,对进路实施了双重锁闭,即进路锁闭和引导锁闭。在取消引导进路时,也需先解除引导锁闭,后解除进路锁闭。

a. 引导进路各轨道区段无故障情况下的取消

在列车未驶入进路时,欲取消引导进路,先解锁引导锁闭,按压“总人解”按钮,按提示输入口令,接着按压始端信号按钮;然后按压“总取消”按钮和始端信号按钮。

b. 进段信号机内方第一轨道区段故障情况下取消引导进路

在列车尚未驶入接近区段时,欲取消引导进路,先解锁引导锁闭,按压“总人解”按钮,按提示输入口令,接着按压始端信号按钮;然后按“区故解”方式解除进路锁。

c. 进段信号机内方非第一轨道电路区段(其他区段)故障情况取消引导进路

在列车尚未驶入接近区段,或先办理引导进路然后列车驶入接近区段时取消引导进路,先解锁引导锁闭,按压“总人解”按钮,按提示输入口令,接着按压始端信号按钮;然后按“区故解”方式解除进路锁闭。

若列车已驶入接近区段,欲取消引导进路,必须按人工解锁方式办理。先解锁引导锁闭,按压“总人解”按钮,按提示输入口令,接着按压始端信号按钮;然后按“区故解”方式解除进路锁闭,在点击第一个区段名后需延时 3 min 后才能解锁,其他区段解锁不延时。

(2)进段进路不能锁闭时办理引导进路

进段进路因轨道区段故障不能建立,此时按压引导信号按钮,按提示输入口令,然后按压接车股道入口处的列车信号(或终端)按钮。在此操作下,无故障道岔轨道区段中的道岔自动转换到引导进路所需的位置,并实现引导锁闭,非故障轨道区段显示白光带,引导信号开放。若进段信号机内方第一轨道区段故障,则需断续地点击引导信号按钮。重复点击的间隔时间应不大于 14 s,否则引导信号将自动关闭。

在列车到达股道后,办理引导进路的解锁:按压“总人解”按钮,按提示输入口令,接着按压始端信号按钮。

(3)引导总锁闭

引导总锁闭时锁闭全咽喉区的道岔,在引导进路中的道岔失去表示时采用该方式。

办理引导总锁闭时,值班人员须确认道岔位置正确、进路空闲、未建立敌对进路(敌对信号未开放)后,先按压“引导总锁”按钮,按提示输入口令,再按压引导按钮，按提示输入口令，对全咽喉道岔实现锁闭，开放引导信号开放。若进段信号机内方第一轨道区段电路故障，必须断续点击引导信号按钮。点击间隔时间不应大于 14 s，直到列车驶入进段信号机内方为止。

列车到达股道后，才能按压"引导总锁"按钮，解除引导总锁闭。

6．道岔的单操和单封、单锁与其解锁

(1)道岔单操

单独操纵道岔时，按压总定位(总反位)按钮和欲单操道岔的道岔按钮。

按压总定(反)位按钮后，该按钮闪绿(黄)色。道岔转换到指定位置后，总定(反)位按钮恢复暗灰色，道岔按钮呈绿(黄)色。

(2)道岔单封

单独封锁道岔时，按压单封按钮和欲单封道岔的道岔按钮。

按压单封按钮后，该按钮闪蓝色。按压道岔按钮及线路中相应道岔处出现蓝色圆点后，道岔名称呈蓝色，单封按钮恢复原色。

(3)道岔解除封锁

解除封锁道岔时，按压解封按钮和欲解封道岔的道岔按钮。

按压解封按钮后，该按钮呈绿闪；按压道岔按钮后线路中相应道岔处的蓝圆点消失，道岔按钮名及解封按钮恢复原色。

(4)道岔单锁

单独锁闭道岔时，按压单锁按钮和欲单封道岔的道岔按钮。

按压单锁按钮后该按钮呈绿闪，线路上相应道岔处出现红圆点，道岔名称呈红色，单锁按钮恢复原色。

(5)道岔单解

单独解锁道岔时，按压单解按钮和欲单解道岔的道岔按钮。

按压单解按钮后，该按钮呈绿闪；按压道岔按钮后，道岔处的红圆点消失，道岔按钮名和单解按钮恢复原色。

复习思考题

1．什么是联锁？

2．联锁有哪些基本内容？

3．联锁系统具有哪些功能？

4．对联锁系统有哪些基本要求？

5．联锁图表有何作用？

6. 简述计算机联锁的基本结构。
7. 计算机联锁有哪些冗余方法？
8. 故障切换结构和故障屏蔽结构有何区别？
9. 双机热备系统和二乘二取二系统有何异同？
10. 简述城市轨道交通的列车运行控制方式。
11. 什么是多列车进路？举例说明。
12. 什么是追踪进路？举例说明。
13. 什么是联锁监控区段？
14. 什么是保护区段？
15. 什么是侧面防护？
16. 简述计算机联锁应在城市轨道交通的应用。
17. 简述双机热备型计算机联锁的组成。
18. 简述二乘二取二型计算机联锁的组成。
19. 如何办理列车进路？
20. 如何办理进路的取消和人工解锁？

第四章 列车自动控制系统

列车自动控制(ATC)系统是城市轨道交通信号系统的最重要的组成部分，它实现行车指挥和列车运行自动化，能最大限度保证列车运行安全，提高运输效率，减轻运营人员的劳动强度，发挥城市轨道交通的效能。

第一节 ATC 系统综述

一、ATC 系统的组成和功能

列车自动控制(ATC)系统包括三个子系统：列车自动防护(ATP)、列车自动运行(ATO)、列车自动监控(ATS)。

ATC 系统包括三个原理功能：ATS 功能、ATP/ATO 功能和 PTI 功能。

ATS 可自动或由人工控制列车进路，及向行车调度员和外部系统提供信息。ATS 功能主要由位于 OCC(控制中心)内的设备实现。

ATP/ATO 功能在联锁功能的约束下，根据 ATS 的要求实现列车运行的控制。ATP/ATO 功能有三个子功能：ATP/ATO 轨旁功能、ATP/ATO 传输功能和 ATP/ATO 车载功能。ATP/ATO 轨旁功能负责列车间隔和报文生成。ATP/ATO 传输功能负责发送信号，包括报文和 ATC 车载设备所需的其他数据。ATP/ATO 车载功能负责列车的安全运营、列车自动驾驶、给信号系统和司机提供接口。

PTI 功能是通过多种渠道传输和接收各种数据，在特定的位置传给 ATS，向 ATS 报告列车的识别信息、目的号码和乘务组号和列车位置数据，以优化列车运行。

二、不同闭塞制式的 ATC 系统

按闭塞制式，城市轨道交通 ATC 可分为：固定闭塞式 ATC 系统、准移动闭塞式 ATC 系统和移动闭塞式 ATC 系统。

1. 固定闭塞

固定闭塞将线路划分为固定的区段，不论前、后列车的位置，还是前、后列车的间距都是用固定的地面设备（如轨道电路等）检测和表示的。线路条件和列车参数等均需在闭塞设计过程中加以考虑，并体现在地面固定区段的划分中。

由于列车定位是以固定区段为单位的（系统只知道列车在哪个区段中，而不知道在区段中的具体位置），所以固定闭塞的速度控制模式必然是分级的，即台阶式的。在这种制式中，向被控列车传送的只是代表几个速度级的速度码。固定闭塞方式，无法满足进一步提高系统通过能力和安全性的要求。

传统 ATP 的传输方式采用固定闭塞，通过轨道电路判别闭塞分区占用情况，并传输信息码，需要大量的轨旁设备，维护工作量较大。此外，传统方式还存在以下缺点：

①轨道电路的工作稳定性易受环境影响，如道床阻抗变化、牵引回流干扰等。

②轨道电路传输信息量小。要想增加信息量，只能提高信息的频率。但如果传输频率过高，钢轨的集肤效应会导致信号的衰耗增大，从而导致传输距离缩短。

③利用轨道电路难以实现车对地的信息传输。

④闭塞分区长度是按最长列车、满负载、最高速度、最不利制动率等不利条件设计的，分区较长，且一个分区只能被一列车占用，不利于缩短列车运行间隔。

⑤无法知道列车在分区内的具体位置，因此列车制动的起点和终点总在某一分区的边界。为充分保证安全，必须在两列车间增加一个防护区段，这使得列车间的安全间隔较大，影响了线路的使用效率。

2. 准移动闭塞

准移动闭塞，也可称为半固定闭塞，解释为“预先设定列车的安全追踪间隔距离，根据前方目标状态设定列车的可行车距离和运行速度、介于固定闭塞和移动闭塞之间的一种闭塞方式”。

准移动闭塞对前、后列车的定位方式是不同的。前行列车的定位仍沿用固定闭塞的方式，而后续列车的定位则采用连续的或称为移动的方式。为了提高后续列车的定位精度，目前各系统均在地面每隔一段距离设置 1 个定位标志（可以是轨道电路的分界点或信标等），列车通过时提供绝对位置信息。在相邻定位标志之间，列车的相对位置由安装在列车上的轮轴转数累计连续测得。

由于准移动闭塞同时采用移动和固定两种定位方式，所以它的速度控制模式，必然既具有无级（连续）的特点，又具有分级（台阶）的性质。若前行列车不动而后续列车前进时，其最大允许速度是连续变化的；而当前行列车前进，其尾部驶过固定区段的分界点时，后续列车的最大速度将按“台阶”跳跃上升。

由于准移动闭塞兼有移动和固定的特性，与“固定”性质相对应的设备，必须在工程设计和施工阶段完成。而被控列车的位置是由列车自行实时(移动)测定的，所以其最大允许速度的计算最终只能在车上实现。

准移动闭塞在控制列车的安全间隔上比固定闭塞进了一步。它通过采用报文式轨道电路辅之环线或应答器来判断分区占用并传输信息，信息量大；可以告知后续列车继续前行的距离，后续列车可根据这一距离合理地采取减速或制动，列车制动的起点可延伸至保证其安全制动的地点，从而可改善列车速度控制，缩小列车安全间隔，提高线路利用效率。但准移动闭塞中后续列车的最大目标制动点仍必须在先行列车占用分区的外方，因此它并没有完全突破轨道电路的限制。

3. 移动闭塞

移动闭塞可解释为“列车安全追踪间隔距离不预先设定，而随列车的移动不断移动并变化的闭塞方式”。

(1)移动闭塞的基本概念

移动闭塞的特点是前、后两列车都采用移动式的定位方式。在准移动闭塞中，前行列车本身也具有移动定位的能力，只是因为没有将列车本身定位的结果传给地面，所以不能供后续列车使用。也就是说在准移动闭塞的基础上，只要增设车对地的安全数据通信，将前行列车的移动定位信息，安全地经由地面传给后续列车，便能构成移动闭塞。

移动闭塞可借助感应环线或无线通信的方式实现。早期的移动闭塞系统大部采用基于感应环线的技术，即通过在轨间布置感应环线来定位列车和实现车载计算机(VOBC)与车辆控制中心(VCC)之间的连续通信。现今，移动闭塞系统已采用无线通信系统实现各子系统间的通信，构成基于无线通信技术的移动闭塞。

(2)移动闭塞的特点

移动闭塞具有如下特点：

①线路没有固定划分的闭塞分区，列车间隔是动态的，并随前一列车的移动而移动。

②列车间隔是按后续列车在当前速度下所需的制动距离，加上安全余量计算和控制的，确保不追尾。

③制动的起点和终点是动态的，轨旁设备的数量与列车运行间隔关系不大。

④可实现较小的列车运行间隔。

⑤地车双向传输，信息量大，易于实现无人驾驶。

(3)移动闭塞的技术优势

①移动闭塞是一种新型的闭塞制式，它克服了固定闭塞的缺点。基于无线通信的列车控制(CBTC)则是实现这种闭塞制式的最主要技术手段。采用

这种方法以后，实现了车地间双向、大容量的信息传输，达到连续通信的目的，在真正意义上实现了列车运行的闭环控制。当列车和车站一开始通信，车站就能得知所有列车的位置，能够提供连续的列车安全间隔保证和超速防护，在列车控制中具有更好的精确性和更大的灵活性，并能更快地检测到故障点。而且，移动闭塞可以根据列车的实际速度和相对速度来调整闭塞分区的长度，尽可能缩小列车运行间隔，提高行车密度进而提高运输能力。此外，这种系统大大减少沿线设备，车载设备和轨旁设备的安装也相对较容易，维修方便，有利于降低运营成本。

②移动闭塞通过列车与地面间连续的双向通信，连续测量本车与前车距离，实时提供列车的位置及速度等信息，动态地控制列车运行速度。移动闭塞制式下，后续列车的最大制动目标点可比准移动闭塞和固定闭塞更靠近先行列车，因此可以缩小列车运行间隔，有条件实现“小编组，高密度”，从而使系统可以在满足同等客运需求条件下减少乘客候车时间，缩小站台宽度和空间，降低基建投资。

③由于系统采用模块化设计，核心部分均通过软件实现，因此使系统硬件数量大大减少，可节省维护费用。

④移动闭塞系统的安全关联计算机一般采取三取二或二取二的冗余配置，系统通过故障—安全原则对软、硬件及系统进行量化和认证，可保证系统的可靠性、安全性和可用度。

⑤移动闭塞还常常和无人驾驶联系在一起。两者的结合能够避免司机的误操作或延误，获得更高的效率。

⑥无线移动闭塞的数据通信系统对所有的子系统透明，对通信数据的安全加密和接入防护等措施可保证数据通信的安全。由于采取了开放的国际标准，可实现子系统间逻辑接口的标准化，从而有可能实现线网的互联互通。

(4)移动闭塞的工作原理

移动闭塞与固定闭塞的根本区别在于闭塞分区的形成方法不同，如图 4-1 所示，移动闭塞系统是一种区间不分割、根据连续检测先行列车位置和速度进行列车运行间隔控制的安全系统。这里的连续检测并不意味着一定没有间隔点。实际上该系统把先行列车的后部看做是假想的闭塞分区。由于这个假想的闭塞分区随着列车的移动而移动，所以叫做移动闭塞。在移动闭塞系统中，后续列车的速度曲线随着目标点的移动而实时计算，后续列车到先行列车的保护段后部之间的距离等于列车制动距离加上列车制动反应时间内驶过的距离。

移动闭塞技术在对列车的安全间隔控制上更进了一步。通过车载设备和轨旁设备连续的双向通信，控制中心可以根据列车实时的速度和位置动态地计算列车

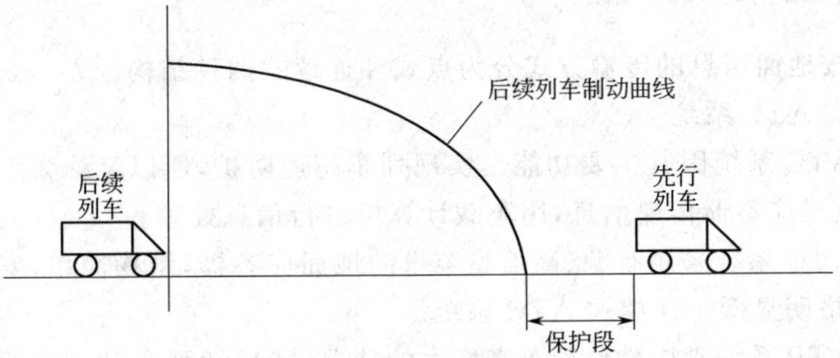

图 4-1　移动闭塞原理示意图

的最大制动距离。列车的长度加上这一最大制动距离并在列车后方加上一定的防护距离，便组成了一个与列车同步移动的虚拟分区，如图 4-2 所示。由于保证了列车前后的安全距离，两个相邻的移动闭塞分区就能以很小的间隔同时前进，这使列车能以较高的速度和较小的间隔运行，从而提高运营效率。

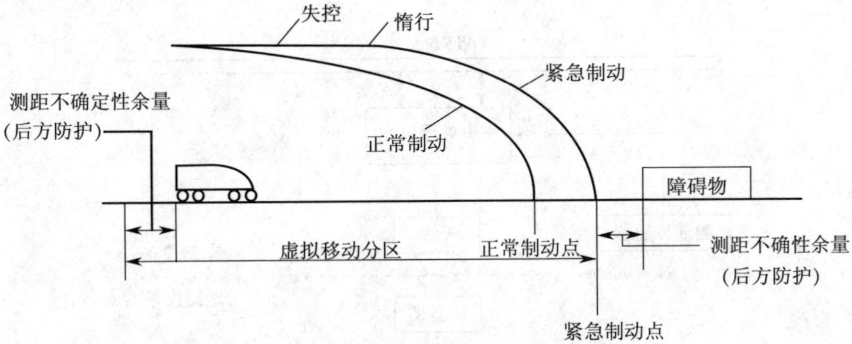

图 4-2　移动闭塞系统的安全行车间隔

无线移动闭塞系统的组成主要包括无线数据通信网、车载设备、区域控制器和控制中心等。无线数据通信是移动闭塞实现的基础。通过可靠的无线数据通信网，列车不间断将其标识、位置、车次、列车长度、实际速度、制动潜能和运行状况等信息以无线的方式发送给区域控制器。区域控制器追踪列车并通过无线传输方式向列车发送移动授权，根据来自列车的信息计算、确定列车的安全行车间隔，并将相关信息（如先行列车位置，移动授权等）传递给列车，控制列车运行。车载设备包括无线电台、车载计算机和其他设备（如传感器、查询器等）。列车将采集到的数据（如车辆信息、现场状况和位置信息等）通过无线数据通信网发送给区域控制器，以协助完成运行决策；同时对接收到的命令进行确认并执行。

三、不同结构的 ATC 系统

ATP 按地面信息的传输方式分为点式和连续式两种结构。

1. 点式 ATC 系统

点式 ATC 系统因其主要功能是实现列车超速防护，所以又称为点式 ATP 系统。它靠点式应答器传递信息，用车载计算机进行信息处理。

点式 ATC 系统采用有源、高信息容量的地面应答器，结构简单，安装灵活，可靠性高，价格明显低于连续式 ATC 系统。

点式 ATP 系统难以胜任列车密度大的情况，如后续列车驶过地面应答器时，因前方区段有车，它算出的速度曲线是一条制动曲线。后续列车驶过后，尽管前行列车已驶离，但后续列车已驶过地面应答器，得不到新的信息只能减速运行，直到抵达运行前方的地面应答器，才能加速。

(1)点式 ATC 系统的基本结构

图 4-3 表示点式 ATP 系统的基本结构，由车载设备和地面设备组成，主要是地面应答器、轨旁电子单元 LEU(又称为信号接口)以及车载设备。

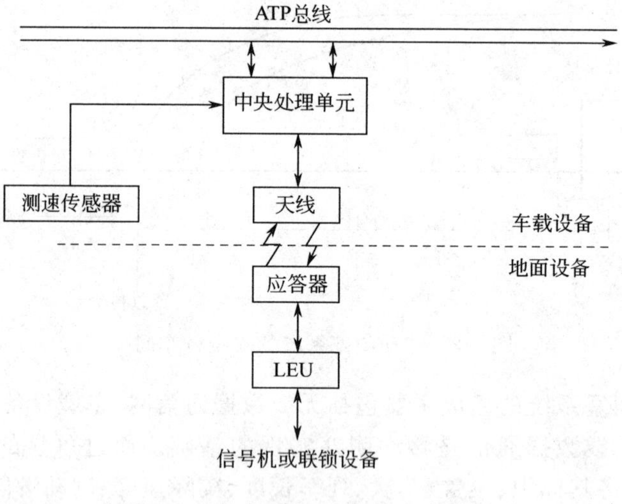

图 4-3 点式 ATP 系统的基本结构

①地面应答器

地面应答器通常设置在信号机旁或者设置在一段需要降速的缓行区间的始、终端。当列车驶过地面应答器，且车载应答器与地面应答器对准时，车载应答器首先以一定的频率，通过电磁感应方式将能量传递给地面应答器，地面应答器的内部电路在接收到来自车上的能量后即开始工作，将所存储的数据以某种调制方式(通常用频移键控 FSK 方式)仍通过电磁感应传送至车上。图 4-4 表示点式列车速度控制系统及车载应答器与地面应答器之间的耦合关系。其中 100 kHz 为能量通道,850 kHz 为信息数据通道,50 kHz 是为增大可靠性而设置的监视通道。

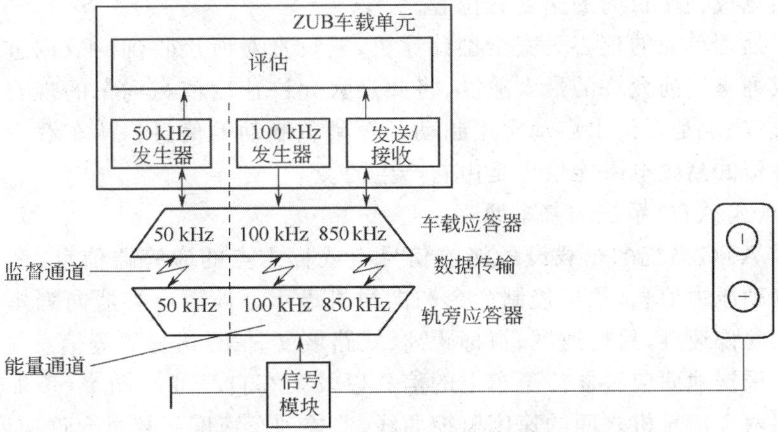

图 4-4　车载应答器与地面应答器之间的能量与数据传输

②地面电子单元 LEU

地面电子单元是地面应答器与信号机之间的电子接口设备,其任务是将不同的信号显示转换为约定的数码形式。LEU 是一块电子印刷版,可根据不同类型的输入电流输出不同的数码。

③车载设备

车载设备由车载查询器,测速传感器,中央处理单元,驾驶台上的显示、操作与记录装置等部分组成,如图 4-5 所示。

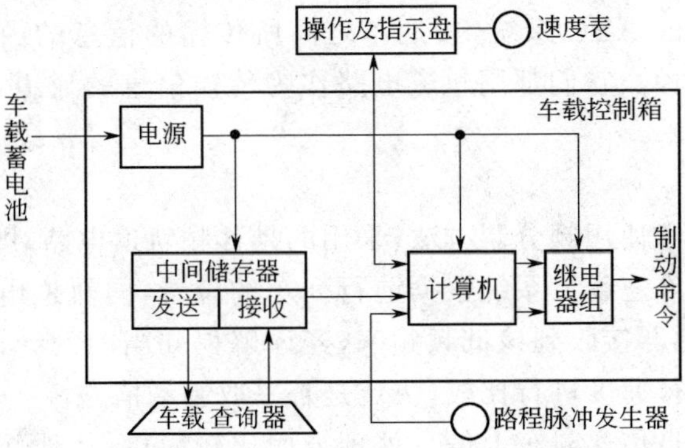

图 4-5　点式 ATC 系统车载设备组成

车载查询器完成车地的耦合联系，将能量送至地面应答器，接收地面应答器所储存的数据并传送至中央处理单元。

测速传感器通常装在轮轴上，根据每分钟车轮的转数与车轮直径在中央处理单元内换算成列车目前的速度和位置。

中央处理单元的核心是安全型计算机，它负责对所接收到的数据进行加工处理。形成列车当前允许的最大速度，将此最大允许速度值与列车的现有速度值进行比较，以决定是否给出启动常用制动乃至紧急制动的信息。从车载查询器传向地面应答器的高频电磁能量也是由它产生的。

(2)点式 ATC 系统的基本原理

点式 ATC 系统的车载设备接收信号点或标志点的应答器信息，还接收列车速度和制动压力信息，输出控制命令和向司机显示。地面应答器向列车传送每一信号点的允许速度、目标速度、目标距离、线路坡度、信号机号码等信息。车载中央控制单元根据地面应答器传至车上的信息以及列车自身的制动率(负加速度)，计算得出的两个信号机之间的速度监控曲线，监控列车速度不超过允许速度。

(3)地车之间的数据传递

地面车上应答器之间的数据传递是一种按协议的串行数码传输方式，电码以频移键控方式传送。

点式 ATC 系统的主要缺点是信息传递的不连续性，有时会对列车运行造成不利影响。

2. 连续式 ATC 系统

按地车信息传输所用的媒体分类，连续式 ATC 系统可分为有线与无线两大类，前者又可分为利用轨间电缆与利用数字编码音频轨道电路两类。

(1)采用轨道电路的连续式 ATC 系统

采用轨道电路的 ATC 系统，按地车之间所传输的信息的内容分为速度码系统和距离码系统两种。它们都用轨道电路作为传输信息的通道，完成列车占用检测和发送 ATP 信息。

①速度码系统

速度码系统通常使用频分制方法，采用的是移频轨道电路，即用不同的低频频率来代表不同的允许速度。系统根据前行列车的位置，向轨道电路发送相应的低频频率，车上的传感器接收到该低频频率，经译解得知当前的允许速度，与测速传感器测得的实际运行速度进行比较，决定是否采取制动措施。

这类制式在信息传递与车上信息处理方面比较简单，从地面传递给列车的允许速度(限速值)是阶梯分级的，只能构成固定闭塞。这对于平稳驾驶、节能运行及提高行车效率都是非常不利的。因此，速度码系统已被距离码系统所取代。

②距离码系统

距离码系统从地面传至车上的是前方目标点的距离等一系列基本数据，车载计算机根据地面传至车上的各种信息(包括最大限速、目标点的距离、目标点的允许速度、线路坡度等)以及储存在车载单元内的列车自身的固有数据(如:列车长度、常用制动及紧急制动的制动率、测速及测距信息等)，实时计算出允许速度曲线，并按此曲线对列车的实际运行速度进行监控。

由于数据传输、实时计算以及列车车速监控都是连续的，所以速度监控是实时、无级的，可以有效地实现平稳驾驶与节能运行，构成准移动闭塞。

但是，钢轨不是一种理想的信息传输通道，铁质材料对音频信号的衰耗很大，集肤效应非常明显，限制了轨道电路的有效长度;此外，钢轨之间的漏泄、轮轨之间的接触电阻等因素均会影响轨道电路的性能。通过轨道电路传输难以实现列车与地面间的大容量信息交换。

然而，权衡性能、价格、安全可靠与可用性等诸方面的因素，用音频数字轨道电路构成的连续式 ATC 系统在城市轨道交通中曾得到广泛的应用。

(2)采用轨间电缆的 ATC 系统

采用轨间电缆的 ATC 系统利用轨间铺设的电缆传输信息。控制中心储存线路的固定数据:线路坡度、弯道、缓行区段的位置及长度等。经联锁设备，将沿线的信号显示、道岔位置等信息传送至控制中心。列车将其数据:如载重量、列车长度、制动率、所在位置、实际速度经电缆传给控制中心。控制中心的计算机根据这些数据计算出该时刻的列车允许速度。此速度值经电缆传送给运行在线路上的相应列车。列车获得此速度值对列车速度进行监控。这种方式统一指挥全部列车运行，遇有发生行车晚点或其他障碍，可极迅速地将行车命令传给列车。但控制中心故障则全线瘫痪。因此采用另一种控制方式，控制中心将有关信息(线路坡度、缓行区段位置、目标距离或目标速度等)通过电缆送至列车，由车载计算机计算其允许速度。

采用轨间电缆的 ATC 系统信息传递的连续性是以昂贵的轨间电缆为代价的，维修费用也高，而且轨间电缆的存在给线路养护工作带来了不便。因此目前很少采用。

(3)无线 ATC 系统

无线 ATC 系统利用无线通信的方式传输信息。地面编码器生成编码信息，通过天线向车上发送。信号显示控制接口负责检测要发送的信号显示，并从已编程的数据中选出有用数据送至编码器，同时选出与限制速度、坡度、距离等有关的轨道数据。编码器用高安全度的代码将这些数据编码，经过调制，馈送至无线通道向列车发送。车上接收设备接收限制速度、坡度、距离后，由车载计算机计算出目标速度,对列车进行监控。

用无线通道实现地车数据传输的 ATC 才是真正意义上的移动闭塞,被认为是最先进的 ATC 系统。目前,许多公司均开发出了各自的无线 ATC 系统并已广泛应用。

四、ATC 系统的选用

1. ATC 系统的水平等级

为确保行车安全和线路最大通过能力,根据国内外的运营经验,一般最大通过能力小于 30 对/h 的线路宜采用 ATS 和 ATP 系统,实现行车指挥自动化及列车的超速防护。最大通过能力大于 30 对/h 的线路,应采用完整的 ATC 系统,实现行车指挥和列车运行自动化。

ATO 系统对节能、规范运行秩序、实现运行调整、提高运行效率等具有重要的作用,但不同的信号系统设或不设 ATO 会使运营费用差异较大,不过即使是通过能力为 30 对/h 的线路,有条件时也可选用 ATO 系统。

根据运营需要,信号系统还应满足最大通过能力为 40 对/h 的总体要求。

对于城市轨道交通,通过能力的发挥往往受制于折返能力,而折返能力与线路条件、车辆状态、信号系统水平等因素有关。因此,通过能力要求较高时,折返能力需与之相适应,必须对上述因素进行综合研究、设计。

2. ATC 系统的可用性

ATC 系统应满足信号设备和通信、供电等相关系统设备故障的特殊条件下安全行车的需要。ATC 系统应能降级运用,实现故障弱化处理,满足故障修复的需要。

信号系统降级运用是指系统由自动控制降级为人工控制,由遥控变为局控,由实现全部功能至仅完成部分功能等。若系统无后备的列车位置检测及后备模式,将不利于系统故障时的安全行车和故障后运营的恢复,因此类似的系统可考虑深层次的系统后备运行方式,包括投入后备系统的运用模式。后备模式及其具体要求应根据用户需要及系统设备的可靠性、可用性和安全性等因素确定。

车载 ATC 系统具有非常高的可靠性和实用性。如果 ATO 发生故障,ATP 系统仍能对列车进行保护。此时列车应在“受保护的人工驾驶模式”下行驶,即由司机来执行 ATO 功能,ATP 能进行全面保护。如果所有的子系统都发生故障,虽然这种概率极小,如 ATP 信息丢失、轨道电路故障或其他模式都失灵,还有一种模式,即“受限人工驾驶模式”。此时,由司机在没有信号提示的情况下进行驾驶,但受到速度的限制,一般是在 15～20 km/h。一旦超过这一限制,就会自动实施紧急制动,导致列车停车。在某些特定的情况下,有可能完全绕过 ATP 系统,以“不受限人工驾驶模式”进行驾驶，不过此时司机应必须对行车完全负责。

3. ATC系统的设计能力

(1)ATC系统对车站、车辆段/停车场等的监控范围应按线路和站场所确定的建设规模设计。系统监控能力应与线路远期条件相适应。

(2)ATC系统监控和管理的最少列车数量按远期配属列车数量计，并且增加一定的富裕余量，一般按20%考虑。

(3)列车通过能力宜按远期设计，折返能力必须适应远期运营要求。

ATC系统应能与通信、电力监控、防灾报警和环境监控等其他专业系统接口。当配置综合自动化系统时，ATC系统应能与其接口或纳入综合自动化系统。

信号系统的寿命周期为15～20年，列车通过能力按远期设计有利于列车运行调整。信号系统采用基于轨道电路的ATC时，其闭塞分区的划分按近期设计可以节省部分初期建设费用。

4. ATC系统的选用原则

(1)ATC系统应采用安全、可靠、成熟、先进的技术装备，具有较高的性能价格比。

(2)城市轨道交通运营线路宜采用准移动闭塞式ATC系统或移动闭塞式ATC系统，也可以采用固定闭塞式ATC系统。

因为城市轨道交通具有客流量大、行车密度高的特点，而准移动闭塞式和移动闭塞式ATC系统可以实现较大的通过能力，对于客运量变化具有较强的适应性，可以提高线路利用率，具有高效运行、节能等作用，并且控制模式与列车运行特性相近，能较好地适应不同列车的技术状态，其技术水平较高，具有较大的发展前景。虽然固定闭塞式ATC系统技术水平相对较低，但由于可满足2 min通过能力的行车要求，且价格相对低廉，因此也宜选用。根据实际情况，因地制宜选择三种不同制式的ATC系统是完全必要的。

五、ATC系统运用模式

ATC系统应包括的控制等级：控制中心自动控制模式；控制中心人工控制模式；车站自动控制模式；车站人工控制模式。

每种模式说明了对给定车站所采取的控制等级，然而一个车站在同一时间只能处于一种模式。

以上控制等级应遵循的原则是：车站人工控制优先于控制中心人工控制，控制中心人工控制优先于控制中心或车站自动控制。

1. 控制中心自动控制模式(CA)

在CA模式下，列车进路命令由ATS进路自动设定系统发出，其信息来源是时刻表及列车运行自动调整系统。控制中心调度员可以对列车运行自动调整系统进行人工干预,使列车运行按调度员意图进行。

2. 控制中心人工控制模式(CM)

在控制中心控制时,调度员也可关闭某个联锁区或某个联锁区内部分信号机或某一指定列车的自动进路设定,直接在控制中心的工作站上对列车进路进行控制。在关闭联锁区自动进路设定时,调度员可发出命令,利用联锁设备自动进路控制功能,随着前行列车的运行,自动排列一条后续列车的进路。在自动进路功能出现故障的情况下,调度员可以人工设置进路。

在CM模式下由ATS系统启动控制而不由车站控制计算机启动控制。然而,车站控制计算机继续接收表示,更新显示和采集数据。

3. 车站自动控制模式

在控制中心设备故障或通信线路故障时,控制中心将无法对联锁车站的远程控制终端进行控制,此时将自动进入列车自动监控后备模式,由列车上的车次号发送系统发出的带列车去向的车次信息,通过远程控制终端自动产生进路命令,由联锁设备的自动功能来自动设定进路,即随着列车运行,自动排列一条进路。

4. 车站人工控制模式

当ATS因故不能设置进路(不论人工方式还是自动进路方式),或由于某种运营上的需要而不能由中心控制时,可改为现地操纵模式,在现地操纵台上人工排列进路。

车站自动控制和车站人工控制也可合称车站控制(LC)。当车站工作于LC模式时,不能由ATS系统启动控制。然而,ATS系统将继续收到表示,更新显示和采集数据。对车站控制计算机而言,这是唯一可用的控制模式。

5. 控制模式间的转换

(1)转换至车站操作

只有当控制中心ATS发出相应的命令,才能转换到车站操作模式。

当转换模式时,不用考虑特别检查联锁条件,自动运行功能不受影响。

即使转换至车站操作,联锁显示还应该传输至控制中心ATS。

(2)强制转换至车站操作

在没有收到控制中心ATS发出的命令时,也可以转换至车站操作。通过一个已经登记的转换操作可以转换至车站操作,并且联锁系统的所有转换操作仅能由车站值班员来执行。

(3)转换至控制中心ATS操作

只有当车站操作已经发出释放命令,才能转换到控制中心ATS操作,然后控制中心ATS确认。在这种情况下,只有正常的转换操作才能被接受。随着转换至控制中心 ATS 操作,控制中心 ATS 可以执行所有允许的操作。当车站操作故障,在没有车站操作释放命令的情况下,也可以转换至控制中心 ATS 操作。

六、驾驶模式及模式转换

1. 驾驶模式

城市轨道交通列车的主要驾驶模式应包括:

①列车自动运行驾驶模式;②列车自动防护驾驶模式;③限制人工驾驶模式;④非限制人工驾驶模式。此外,还有自动折返驾驶模式。

自动驾驶模式可以提高列车行车效率,实现列车运行自动调整、维护列车运行秩序、减少司机劳动强度和人员配备的数量,然而,由于无人驾驶涉及车辆、行车组织、车辆段配置等多种因素,系统造价高,我国又缺少运用经验,故自动驾驶系统宜在探索经验后,根据需要逐渐采用。

(1)列车自动运行驾驶模式(ATO 模式或 AM 模式)

ATO 模式即 ATO 自动运行模式,此模式是正线上列车运行的正常模式,即用于正线上列车的正常运行。在这种模式下,列车在车站之间的运行是自动的,不需司机驾驶,司机只负责监视 ATO 显示,监督车站发车和车门关闭,以及列车运行所要通过的轨道、道岔和信号的状态,并在必要时人工介入。

在 ATO 模式下,ATO 根据 ATP 编码和列车位置生成运行列车的行驶曲线,完全自动地驾驶列车;ATO 还能根据到停车点的距离计算出列车的到站停车曲线;ATO 速度曲线可以由 ATS 的调整命令修改;ATP 系统控制列车的紧急制动。

(2)列车自动防护驾驶模式(SM 模式或 CM 模式)

SM 模式即 ATP 监督人工驾驶模式,是一种受保护的人工驾驶模式。在这种模式下,司机根据指示手动驾驶列车,并监督 ATP 显示,以及列车运行所要通过的轨道、道岔和信号的状态,可以在任何时候操作紧急制动。ATP 连续监督人工驾驶的列车运行,如果列车超过允许速度将产生紧急制动。ATO 故障时列车可用 SM 模式在 ATP 的保护下降级运行。

在 SM 模式下,列车由司机人工驾驶,列车运行速度受 ATP 监控;ATO 此时对列车不进行控制,但会根据地图数据随时监督列车的位置;ATP 向司机提示安全速度和距离信息;在列车实际行驶速度到达最大安全速度之前,ATP 可实施常用制动,防止列车超速;由 ATP 系统来控制列车的紧急制动。

(3)限制人工驾驶模式(RM 模式)

RM 模式即 ATP 限制允许速度的人工驾驶模式,这是一种受约束的人工操作,必须"谨慎运行"。在这种模式下,列车由司机根据轨旁信号驾驶,ATP 仅监督允许的最大限速值。

该运行模式在下列情况下使用：

①列车在车辆段范围内(非 ATC 控制区域)运行时；②正线运行中联锁设备或轨道电路或 ATP 轨旁设备或 ATP 列车天线或地对车通信发生故障时；③列车紧急制动以后；④启动 ATP/ATO 后。

此时，车载 ATP 将给出一个 25 km/h 的限制速度。

在 RM 模式下，列车由司机人工驾驶，没有轨道编码的参与，不要求强制使用地面编码。此时 ATO 退出控制，由司机负责列车运行的安全，并监督列车所要通过的轨道、道岔和信号的状态，如有必要，对列车进行制动；列车行驶速度很低，例如不得超过 25 km/h；一旦超出，ATP 系统就会实施紧急制动。

(4)非限制人工驾驶模式(关断模式、URM 模式)

关断模式即不受限制的人工驾驶模式，用于 ATP 车载设备故障的列车驾驶，列车是由司机根据轨旁信号和调度员的口头指令驾驶的，没有速度监督。司机必须保证列车运行不超过限制速度(最大 25 km/h)，并监督列车所要通过的轨道、道岔和信号的状态，必要时采取措施，对列车进行制动。

在关断模式下，列车由司机人工驾驶，没有 ATP 保护措施；使用这种模式必须进行登记，此时列车运行安全完全由司机负责；ATO 退出控制。

(5)自动折返驾驶模式(AR 模式)

列车在终端站或者折返站调转行车方向或使用折返线道进行折返操作，就要求能进入自动折返驾驶模式。

为使自动折返操作具有高度的灵活性，自动折返模式有下列几种：

①ATO 自动运行折返模式；②ATO 无人自动折返模式；③ATP 监督人工驾驶折返模式。

折返命令是由 ATS 中心根据需要生成并传输至列车，或由设计固定的 ATP 区域(如终端站)的轨旁单元发出。ATP 车载设备通过接收轨旁报文而自动启动 AR 模式，并通过驾驶室显示设备指示给司机，司机必须按压“AR”按钮确认折返作业。是否折返，使用折返线道折返，由无人驾驶执行，还是由司机执行，这些完全由司机决定。

采用无人折返或有司机折返取决于司机采取的不同折返模式。

若采用 ATO 自动运行折返模式，在司机按压 ATO 启动按钮后，列车自动驶入折返线，并改变轨道区段发送方向；在折返线至发车站台的进路排列完成后，再次按压 ATO 启动按钮，列车自动驶入发车站台，并精确地停在发车站台。

若采用 ATO 无人自动折返模式，在司机下车后按压站台上的无人折返按钮，列车在无司机的情况下，自动完成启动列车驶入折返线，改变轨道区段发送方向，并在折返线至发车站台的进路排列完成后，再自动启动列车驶入发车站台，并精确地停在发车站台。

若采用 ATP 监督人工驾驶折返模式，在人工驾驶过程中 ATP 将对列车速度、停车位置进行监督，并在列车驶入折返线后自动改变轨道区段发送方向。

除 URM 模式外，其他所有的模式都有一个 5 m 的退车限制，如果超过这个限制，ATP 将实施紧急制动。

2. 列车驾驶模式转换

以上五种基本运行模式，在满足一定条件后可以相互转换。

(1)列车驾驶模式转换的规定

①ATC 系统控制区域与非 ATC 系统控制区域的分界处，应设驾驶模式转换轨，转换轨的信号设备应与正线信号设备一致。

②驾驶模式转换可采用人工方式或自动方式，并应予以记录。当采用人工方式时，其转换区域的长度宜大于一列车的长度。当采用自动方式时，应根据 ATC 系统的性能特点确定转换区域的设置方式。

③ATC 系统具有防止列车在驾驶模式转换区域未将驾驶模式转换至列车自动运行驾驶模式或列车自动防护驾驶模式，而错误进入 ATC 系统控制区域的能力。

④为保证行车安全，在 ATC 控制区域内使用限制模式或非限制模式时应有破封、记录或特殊控制指令授权等技术措施。

(2)各种驾驶模式间的切换

①RM 模式切换到 SM 模式

列车从非 ATC 系统控制区域进入 ATC 系统控制区域，就从 RM 改变为 SM 模式。只要满足如下条件：列车经过了至少两个轨道区段的分界；报文传输无误；ATP 轨旁设备没有发出紧急制动信号；ATP 车载设备的限速监控不会在 SM 模式启动紧急制动。

② SM 模式切换到 ATO 模式

满足以下条件，ATO 开始指示灯就会亮，说明此时可以从 SM 切换到 ATO 模式：当前轨道区段上没有停车点(安全/非安全)；所有车门都已关闭；驾驶/制动拉杆处于零位置；主钥匙开关处于向前位置。

当司机按了 ATO 开始按钮后，ATP 车载设备就从 SM 改变为 ATO 模式。

③ ATO 模式切换到 SM 模式

在下列情况下 ATP 车载设备就从 ATO 模式切换到 SM 模式：如果司机把驾驶/制动拉杆拉离零位置，或把主钥匙开关调到非向前状态；ATO 控制列车停靠车站的停车点，当列车在车站停稳后。

④ SM/ATO 模式切换到 RM 模式

如果 ATP 车载设备启动了紧急制动，无需操作就自动地从 SM/ATO 模式改变为 RM 模式。如果司机还想继续前行，那么必须在列车停稳之后按 RM 按钮，就从 SM/ATO 模式切换到 RM 模式。

在车辆段进口处，司机或 ATO 控制列车停靠在停车点上。如果满足列车已停稳、已设置了结束点等条件，驾驶室的显示屏上会显示指示，司机就可以按 RM 按钮，从 SM/ATO 模式切换到 RM 模式。

⑤SM 模式切换到 AR 模式

满足以下条件，就从 SM 模式切换到 AR 模式：ATP 车载设备从 ATP 轨旁设备接受折返信息；ATP 车载设备间的通信良好。

⑥AR 模式切换到 SM 模式

满足以下条件，ATP 车载设备就从 AR 切换到 SM 模式：ATP 车载设备间的列车监控的改变是成功的；司机打开驾驶室，激活本端控制台。

⑦ AR 切换到 RM 模式

如果 ATP 车载设备启动了紧急制动，无需司机的另外操作，就会自动从 AR 切换到 RM 模式。如果司机想继续前行，那么必须在列车停稳后按 RM 按钮，就会从 AR 切换到 RM 模式。如果切换到 SM 无线 ATC 系统模式的前提条件都满足了，就马上切换到 SM 模式。

⑧ RM 模式切换到关断模式

只有当 ATP 故障，才会降级至关断模式，列车会自动停车。司机操作密封安全开关至关断模式。这种模式的转换将被车载计数器记录。这个转换程序同样适用于 ATO 模式、SM 模式至关断模式。

七、试 车 线

试车线一般设于车辆段内，其主要功能是在列车安装及检修完了 ATP/ATO 车载设备后，在试车线上进行 ATP/ATO 的静、动态试验。通过试验控制台，试验人员对轨道区段设置各种不同的速度信息，检验车载设备动态 ATP 及 ATO 性能；通过模拟的站台环路检验列车的定位停车、停车后的信息交换等功能。

1. 设备配置

试车线将安装与正线上一样的 ATP/ATO 轨旁设备。试车线没有使用联锁。为替代联锁，使用一台非安全 PC(仅用于试车线)模拟必要的联锁功能。

用于试车线的室内和室外设备由以下主要部件组成：

ATP/ATO 的室内设备；ATP/ATO 轨旁单元、试车线的试验计算机、与用于紧急停车的车辆段联锁系统的接口、精确停车的现场设备(环线)、PTI 环线、室内电缆、供电系统。

车辆段计算机联锁系统负责对试车线的进路设定。试验计算机模拟 ATP 的轨旁单元联锁接口,使 ATP 能够完成各项试验。

2. 试车线功能

(1)驾驶模式测试

包括 RM 模式、SM 模式、ATO 模式(包括能源优化功能)、AR 模式下的测试。

驾驶模式可以由试验计算机菜单控制的软件进行切换。以上四种驾驶模式均可发送给列车。ATP/ATO 的车载设备单元将分别按指令进行驾驶。

(2)性能测试

包括超速测试、保护区段测试、列车保护距离测试、紧急停车测试、后退监督测试、车站定位停车和车门控制测试、轨道报文故障测试等,还可进行硬件性能测试,车载显示测试、报警、登录和诊断测试,与其他系统的接口测试。

(3)驾驶室转换

进行两端驾驶室的转换。

使用试车线进行试验阶段,试车线内的进路在车辆段联锁系统上设为非进路,调车模式。完成测试以后,车辆段联锁将取消测试进路,以便 ATP 停止向列车发送相关报文。

司机在试车线以外的线路必须以 RM 模式驾驶列车。

试车线的另一个功能是为维修人员提供一个 ATP/ATO 地面设备实际维修培训的场所。

第二节 ATP 子系统基本原理

ATP 子系统(以下称为 ATP 系统)是保证行车安全、防止列车进入前方列车占用区段和防止超速运行的设备。ATP 负责全部的列车运行保护,是列车安全运行的保障。ATP 系统执行以下安全功能:速度限制的接收和解码、超速防护、车门管理、自动和手动模式的运行、司机控制台接口、车辆方向保证、永久车辆标识。

一、ATP 的基本概念

ATP 即列车运行超速防护或列车运行速度监督。ATP 系统的功能是对列车运行进行超速防护,实现列车位置检测,保证列车间的安全间隔,保证列车在安全速度下运行,完成车载信号显示、故障报警、降级提示、列车参数和线路参数的输入，与 ATS、ATO 及车辆系统接口并进行信息交换。

ATP 系统不断将来自联锁设备和操作层面上的信息、线路信息、前方目标点的距离和允许速度信息等从地面传至车上，从而由车载设备计算得到当前所允许的速度，由车载设备测得实际运行速度，依此来对列车速度实行监督，使之始终在安全速度下运行。当列车速度超过 ATP 装置所指示的速度时，ATP 车载设备就发出制动命令，使列车自动制动；当列车速度降至 ATP 所指示的速度以下时，可自动缓解。而运行操作仍由司机完成。这样，可缩短列车运行间隔，可靠地保证列车不超速、不冒进。

ATP 是 ATC 的基本环节，是安全系统，必须符合故障—安全的原则。

二、ATP 设备的组成

采用轨道电路传送 ATP 信息时，ATP 系统由设于集中控制站的轨旁单元、设于线路上各轨道电路分界点的调谐单元和车载 ATP 设备组成，并包括与 ATS、ATO、联锁设备的接口设备。连续式 ATP 系统利用数字音频轨道电路，向列车连续地发送数据，连续监督和控制列车运行。

车载 ATP 设备包括：两套 ATP 模块（信号处理器和速度处理器）、两个速度传感器和两个接收天线、车辆接口、驾驶室内的操作和控制单元（MMI）等。司机外部接口包括允许按钮、车门释放按钮以及确认按钮。

采用轨间电缆传送 ATP 信息时，系统主要由控制中心设备、轨间传输电缆及车载设备组成。控制中心通过中继器与轨间电缆环路相连。采用无线通信传送 ATP 信息时，系统主要包括：区域控制器、车载控制器和数据通信系统等。

三、ATP 系统的主要功能

ATP 系统应具有下列主要功能：检测列车位置、停车点防护、超速防护、列车间隔控制（移动闭塞时）、临时限速、测速测距、车门控制、记录司机操作。

以数字音频轨道电路方式的 ATP 系统为例，ATP 系统功能可分为 ATP 轨旁功能、列车检测功能（负责根据各轨道区段的“空闲”或“占用”情况，检测列车的位置）、ATP 传输功能和 ATP 车载功能。

1. ATP 轨旁功能

ATP 轨旁功能负责列车安全间隔和生成报文，完成对列车安全运行授权许可的发布和报文的准备。ATP 轨旁功能又分为列车安全间隔功能和报文生成功能。

列车安全间隔功能负责保持列车之间的最小安全距离，还负责发出运行授权。

报文生成功能从各种 ATP 轨旁功能里接收请求，完成整理数据，准备和格式化要传送到ATP车载设备的报文，并决定传输方向。

2. ATP传输功能

ATP传输功能负责发出报文信号，包括报文和ATP车载设备所需要的其他数据。

3. ATP车载功能

ATP车载功能负责列车安全运行，并提供信号系统和司机间的接口。车载功能由下列子功能组成：ATP命令解码、ATP监督功能、ATP服务/自诊断功能、ATP状态功能、速度/距离功能，以及人机接口(MMI)功能。

(1)ATP命令解码

音频轨道电路将格式化的数据传送到车上，车载ATP设备将报文解码，以实现各种ATP功能。

(2)ATP监督功能

ATP监督功能负责保证列车运行的安全。

ATP监督包括速度监督、方向监督、车门监督、紧急制动监督、后退监督、报文监督、设备监督等。各种监督功能之间的操作是独立的，且同时进行。

①速度监督功能

速度监督功能是超速防护的基础，是最重要的功能。它由7个速度监督子功能组成，每个子功能选定一个专用的以速度为基准的安全标准。

RM速度监督以限制列车速度达到低速值为目的，这个低速值(例如25 km/h)适用于RM模式。RM速度监督在RM模式中有效。

最大列车允许速度的监督以限制列车运行速度到最大允许值(就车辆允许而言)为目的。它在SM、ATO和AR模式中有效。

停车点的监督以保证列车停在停车点(不超过停车点)为目的。在SM、ATO和AR模式中，每当前方列车占用的轨道区段内有安全或危险停车点，该监督都有效。在RM模式中，该监督无效。

限制速度起始点的监督保证列车在起始点就按照速度限制运行。在SM、ATO和AR模式中，当前行列车占用区段内的速度限制始点存在时有效，在RM模式中无效。进入速度监督是保证列车速度同下一轨道区段的最大允许速度及以后的目标一致。这个速度监督在SM、ATO和AR模式中有效，在RM模式中无效。

线路允许速度由列车头部占用轨道区段的线路允许速度和列车其他部分仍占用的其他轨道区段的线路允许速度决定，是根据列车的运行位置改变的。线路允许速度监督保证列车运行速度同其所在位置的线路允许速度监督一致，在SM、ATO和AR模式中有效，在RM模式中无效。

没有距离同步的监督是特殊情况下不能得到距离同步，而 ATP 车载设备准许在 SM 模式或 ATO 模式而不是 RM 模式中进行的操作。距离同步的丢失是由于触发紧急制动时列车不处于稳定状态时，或者列车已经在线路上运行时才打开 ATP 车载设备电源引起的。只有当 ATP 车载单元接收到授权其使用的报文时，可以使用该功能。

②方向监督功能

方向监督功能的作用是监督列车在“反方向”运行中的任何移动，如果此方向的移动距离超过规定值，那么就会实施紧急制动。“反方向”运行移动距离的监督是累计完成的，无论是单一的移动或是在几个断续的短距离移动中。

在 SM、ATO 和 AR 模式中，必须连续具备方向监督功能；如果列车正在运行，那么 RM 模式中也可以使用方向监督功能。

③车门监督功能

如果检测到列车在移动，而车门没有锁在关闭状态，车门监督功能就会实施紧急制动。除了被抑制，车门监督功能在所有驾驶模式中都有效。

如果列车移动超过一定的距离(例如 0.3 m)，或者当列车以超过特定的速度运行(例如“ATP 零速度”)，当从车门没有接收到“全部车门关闭”信号时，列车实施紧急制动。当列车速度大于某特定值时(例如 5 km/h)，禁止实施车门监督，这是为了避免假紧急制动的执行，这个假紧急制动可能是由车门的断续操作(振动)引起的。

在紧急情况下，当列车停稳，司机按压紧急车门按钮阻止了车门监督功能。这使得在车门故障时，也可以移动列车。当车门监督功能以这种方式被抑制时，司机必须完全负责并保证在随后运行阶段乘客的安全。当从车门再次接收到“全部车门关闭”信号，车门监督功能自动恢复。

④紧急制动监督功能

紧急制动监督功能保证接收到紧急制动报文时在最短距离内停车。在 SM、ATO 和 AR 模式中，紧急制动监督功能连续有效，在 RM 模式中无效。在站台按下紧急停车按钮，紧急停车命令会立即生成。

外部触发的紧急制动监督功能是保证在 ATP 车载设备没有使用 ATP 车载单元的位置信息，而跟随一个外部触发的紧急制动(例如由司机发出的)的监督。在所有驾驶模式中，这个功能都有效。

⑤后退监督功能

后退监督功能防止列车后退时超过某特定的距离。列车后退距离的累加减去几次短暂前行的距离不能超过规定的距离(3 m)。假如超过此距离列车将通过 ATP 实施紧急制动，确保列车不后退。

⑥报文监督功能

报文监督功能是监测从 ATP 传输功能接收到的报文。如果检测出传输报文中断持续超过规定时间(如 3 s),或在此期间列车运行超过一规定距离(一般为 10 m),报文监督功能会触发一个紧急制动。这个功能在 SM、ATO 和 AR 模式中有效,但在 RM 模式中不起作用。

⑦设备监督功能

设备监督功能是用来监控 ATP 车载设备的正常工作,确保当设备故障时的安全。一旦 ATP 车载设备被检测出故障,就会启动紧急制动。

(3)ATP 服务/自诊断功能

ATP 服务/自诊断功能负责采集、存储、记录、调用列车数据、状态信息,为 ATP 监督提供服务,完成 ATP 车载设备的自诊断。

(4)ATP 状态功能

ATP 状态功能负责根据主要情况选定正确的状态和模式。

在列车有电的情况下,ATP 车载单元可能处于三种状态中的一种:激活的、待用的、备用的。

在 ATP 车载单元负责监督列车时,使用激活状态。

当 ATP 车载单元不负责监督列车时,使用待用状态。在列车得到电源但却没有插入钥匙的情况下,即刻出现待用状态。

备用状态只是暂时的状态,当钥匙插入任何一列列车的驾驶室时,立即执行启动自检测,完成后更换为激活或待用状态。

(5)车门释放功能

车门释放功能保证当显示安全时允许打开车门,在所有的信号模式中可以连续使用此功能。

在满足下列条件时可得到车门释放指令:列车已停在带预期停车窗内;ATP 车载单元接收到许可打开车门的报文。

根据站台的布置,车门释放可以在列车的任意一侧或两侧。

在特殊情况下(例如列车停在预期停车窗以外),列车停稳时司机可按下车门紧急按钮,不用考虑上述条件就可得到车门释放命令,允许列车车门的打开。当以这种方式得到车门释放时,司机必须完全负责车门的安全操作。

当从车门接收到“全部车门关闭”信号,列车开始启动(例如:列车速度超过 ATP 零速度),车门释放终止。

(6)速度/距离功能

速度/距离功能基于测速单元的输入,负责测定列车的运行速度、运行距离和运行方向。

对于采用数字音频轨道电路的 ATC 系统，距离是根据各轨道电路的始端来测量的，并通过使用测速单元的输入和固定数据（车轮直径）来确定。

速度/距离功能接收测速单元的输入，将当前读数的脉冲计数与先前读数和部分计算出的运行距离进行比较。这些部分距离被累加后提供一个确切的运行距离。通过对特定时间间隔距离部分的累加，测速功能可以确定列车的实际运行速度。

从测速单元的输入提供一个渐增或渐减的脉冲计数，这个脉冲计数是测速单元根据列车移动的方向给出的。通过对当前读数与先前读数的比较，速度/距离功能可以确定列车的运行方向。

（7）距离同步功能

ATP 轨旁功能记录音频轨道电路的占用情况（这个信息由列车检测功能提供），然后 ATP 轨旁功能向列车传送有关在报文中音频轨道电路占用经过时间的信息。

一接收到 ATP 轨旁功能的同步化信息，距离同步化功能就通过计算在报文中消逝时间内列车运行的部分距离来计算列车前方的位置。

（8）本地再同步化功能

对于列车位置高精度要求，提供本地再同步化（例如停车窗和车门释放监督）。这是通过使用预定的同步基准点（同步定位环线的交叉点）实现的。

（9）报文接收/同步定位环线检测功能

报文接收/同步定位环线检测功能的一个作用是从 ATP 轨旁功能接收、解码报文信号。如果报文接收功能确定在传输中出现错误，会以无效而拒收报文。在特定时间/距离之内若没有接收到有效报文，就会触发紧急制动功能。

报文接收/同步定位环线检测功能的另一个作用是在轨道中检测同步定位环线。检测到同步定位环线的时间很重要，它用于列车定位本地再同步中。

（10）人机接口（MMI）功能

MMI 提供信号系统与司机的接口。借助于 MMI，司机可以按照 ATP 系统的指示运行。MMI 向司机显示实际速度、最大允许速度，以及 ATP 设备的运行状态。另外，显示列车运行时产生的重要故障信息，在某些情况伴有音响警报（例如超过了最大允许速度）。显示信息的类型和范围取决于设备的操作规程和 ATP 设备的配置。

司机人机接口功能包括司机显示功能和司机外部接口。

司机显示功能向司机提供驾驶列车时所需的全部信息，包括：实际速度；允许速度（只在 SM、ATO 和 AR 信号模式中）；从最大限制的 ATP 功能条件下推算出的目标距离/速度；“驾驶状态”（即在牵引、惰行和制动方式下的移动）；“运行模式”

(RM、SM、ATO 或 AR 模式);列车折返运行(在 AR 模式有效时显示,也在 AR 按钮按下时显示确认);列车停在预定停车窗以外;车门状态显示;关门指令;出站命令;车辆段显示(列车在车辆段时的车辆段识别显示);实施紧急制动;ATP/ATO 故障等。

当列车速度/位置超过警告速度曲线时发出音响报警。

司机外部接口用于司机驾驶操作。

(11)折返/改换驾驶室功能

在列车进行折返的情况下,要求司机改换驾驶室。

ATP 车载设备必须考虑到使用不同的驾驶操作台,保存有关相对轨旁位置、列车前部和后部的信息。改换驾驶室引起列车前部和后部的互换,ATP 车载设备必须相应调整位置信息。

当列车停在折返线,会自动选定 AR 模式,并接收到相应的报文。

四、ATP 的基本工作原理

1. 列车检测

采用轨道电路等作为列车检测设备。当轨道电路区段空闲时,发送轨道电路检测电码,此时轨道电路的功能是检测是否空闲,检测结果送往联锁装置。

采用轨间电缆 ATC 系统利用轨间电缆的交叉配置实现列车定位。

采用无线通信的 ATC 系统通过车地的通信通道进行列车定位。此时计轴设备作为次级设备,连续地对线路的占用/空闲进行安全可靠的检测。

2. 列车自动限速

连续式 ATP 系统利用数字音频轨道电路或轨间电缆或无线通道,向列车连续地发送数据,允许连续监督和控制列车运行。

ATP 轨旁单元从联锁和轨道空闲检测系统获得轨道空闲/占用信息,传输至 ATP 车载设备。驾驶指令主要包括目标坐标(目标速度和目标距离)、最大允许线路速度和线路坡度。ATP 车载设备通过此数据计算现有位置的列车允许速度。

实际的列车速度和驶过的距离由测速装置连续进行测量。

ATP 车载设备列车实际速度与列车允许速度进行比较。当列车速度超过列车允许速度时,ATP 的车载设备就发出制动命令,发出报警后控制列车进行常用全制动或实施紧急制动,使列车自动地制动;当列车速度降至 ATP 所指示的速度以下时,便自动缓解。而运行操作仍由司机完成。

ATP 不仅可用来保证列车之间的运行安全,还用于受曲线等线路条件、通过道岔、慢行区间等限制而需要限速的区段。因此限速等级是根据后续列车和先行列车之间的距离、线路条件等决定的。ATP 可对列车运行速度进行分级或连续监督。

3. 目标速度和目标距离

ATP 轨旁设备向在其控制范围内的列车分配一个"目标距离",再由轨道电路等生成代码,通知列车前方有多少个未占用的区段,接着,ATP 车载设备调用存储的信息,决定在列车任何时刻列车的运行速度和可以运行的最远距离,确保在抵达障碍物或限制区之前安全停车。目标距离原理如图 4-6 所示。

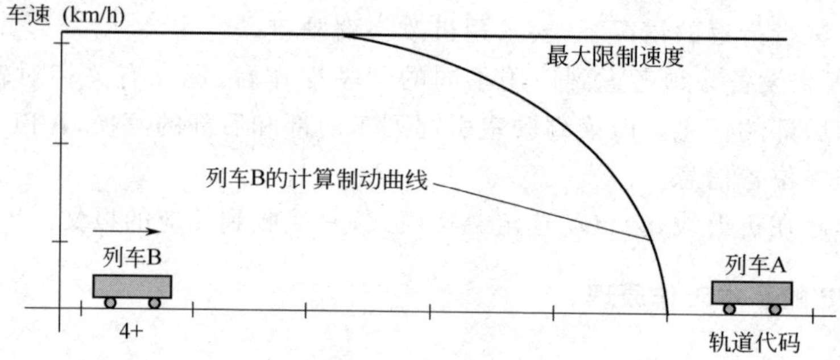

图 4-6 目标距离原理

图 4-6 中编码仅表示列车 B 前方未被占用的轨道电路的数目。列车 B 所在的区段标记为 4+,这代表在到达阻碍或限制区之前,运行前方有 4 个空闲的轨道区段。列车 B 可获得其精确的位置,这一信息与保存在 ATP 和 ATO 设备中的线路图数据相结合,可推算出列车的最大安全距离或目标距离。这样,列车 B 就能安全地进入列车 A 所占用的轨道区段之运行后方的空闲轨道区段。

列车的实际行驶速度不断与计算出来的最高速度进行比较,如果实际车速超过最高速度,则自动启用制动。

列车除了必须遵循通过轨道传来的指示目标距离的编码外,在线路的某些区域,由于某种特殊情况或临时性原因,如轨道临时性作业等,还有一些速度限制要求。ATP 将充分考虑到各种限速条件,选择最严格的条件来执行。

4. 制动模式

列车制动控制模式分为分级制动模式和一次制动模式。

(1)分级制动

分级制动是以闭塞分区为单元,根据与前行列车的运行距离来调整列车速度,各闭塞分区采用不同的低频频率调制,指示不同的速度等级,在此基础上确定限速值。分级制动模式又分为阶梯式和曲线式。

阶梯式分级制动模式俗称大台阶式。它将一个列车全制动距离划分为 3～4 个闭塞分区,每一闭塞分区根据与前行列车的距离来确定限速值。当列车速度高于检查值时，列车自动制动。其为滞后监督方式，即在闭塞分区出口才监督是否超速，所以为确保安全，必须设有“保护区段”。阶梯式分级制动模式的速度曲线如图4-7所示。固定闭塞制式的ATC通常采用阶梯式分级制动模式。

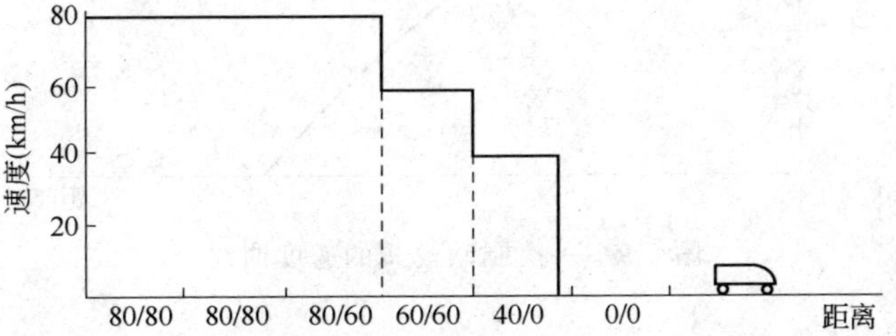

注：图中“80/80”是区段“入口/出口”限制速度，其他类同。

图4-7　阶梯型速度曲线

阶梯式分级制动模式虽然构成较为简单，但具有较多缺点，不能满足高密度行车的需要，于是改为速度—距离模式曲线制动模式。

模式曲线是根据该闭塞分区提供的允许速度值以及列车参数和线路参数由车载计算机计算出来的(或将各种制动模式曲线储存调用)。模式曲线制动模式的速度曲线如图4-8所示。准移动闭塞制式的ATC通常采用曲线式分级制动模式。

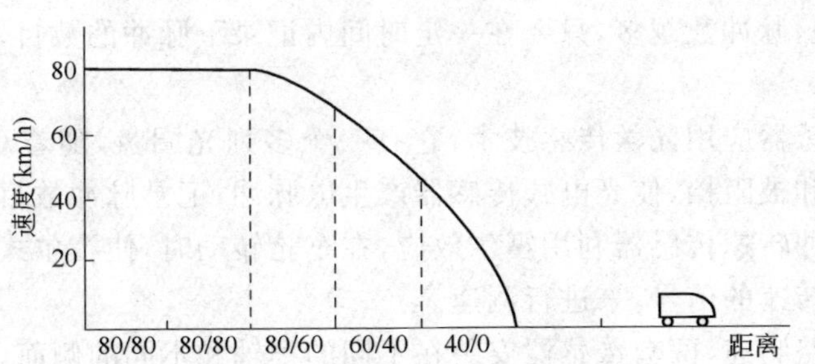

图4-8　曲线式分级制动模式的速度曲线

(2)一次制动

一次制动是按目标距离制动的。根据距前行列车的距离或距运行前方停车站的距离，由控制中心根据目标距离、列车参数和线路参数计算出列车制动模式曲线，或由车载计算机予以计算，按制动模式曲线控制列车运行。信息传输有数字编码轨道电路传输和无线传输两种方式。无论何种方式，传输的信息必须包括线路允许速度、目标速度、目标距离。一次制动方式最能合理地控制列车运行速度，是列车自动控制技术的发展方向。一次制动速度曲线如图4-9所示。移动闭塞制式的 ATC 通常采用一次制动模式。

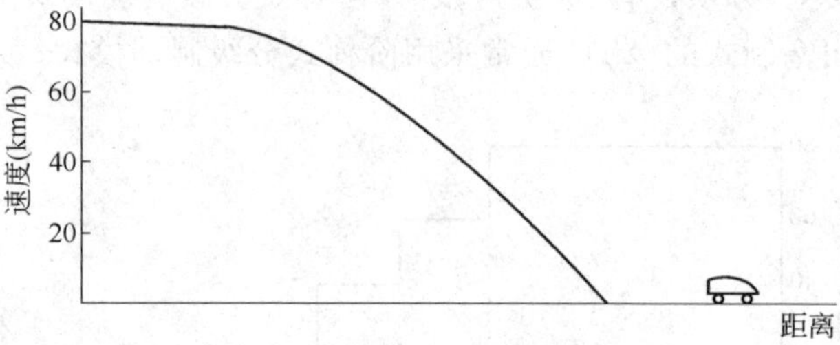

图 4-9 一次制动模式的速度曲线

5. 测速与测距

确定列车运行速度和位置是车载设备关键、重要的功能。

(1)测速

列车运行速度的测量非常重要,列车实际运行速度是速度控制的依据。该速度值的准确和精度直接影响调速效果。

测速有车载设备自测和系统测量两种方法。车载设备自测有路程脉冲发生器、光电式传感器和霍尔式脉冲转速传感器等,它们安装在无动力车辆的轮轴上。系统测量有雷达测速等方法。

路程脉冲发生器核心部件是一个 16 极的凸轮,随着车轮的转动,发生一系列脉冲,车速越快,脉冲数越多,只要在一定时间内记录下脉冲的数目,即能换算成列车的实际速度。

光电式传感器应用光学传感技术,它有一个多列光圈盘,随着车轮的转动,光线不断地通过和被阻挡,使光电式传感器产生电脉冲,记录脉冲数目来测量车速。

霍尔式脉冲转速传感器利用霍尔效应,在车轮转动时,使霍尔式传感器产生频率正比于车轮转速的信号,来进行测速。

需采用两路测速,两套传感器安装在不同的车轴和不同的侧面,以提高保证测量准确性和提高测量精度,并对车轮空转、蠕滑、死抱等引起的误差进行修正。

转速传感器无法精确补偿车轮滑转和滑行,可用一台多普勒雷达装置,向 ATP/ATO 系统输入第三个车速信息。这个信息跟转速传感器输入的车速相比较,以检验车速测量系统的可靠性。

雷达测速应用多普勒效应。当无线电波碰到一个静止的物体时,被反射回来的电波频率与发射的电波频率一样,其差频为零;而当无线电波碰到一个移动的物体时(不论该物体是迎着发射源还是背离发射源),被反射回来的电波频率与发射的电波频率不一样,其差频与移动物体的速度成正比,与发射源的工作波长成反比,并与雷达辐射方向和移动物体方向间的夹角有关。雷达测速的工作原理如图

4-10 所示。

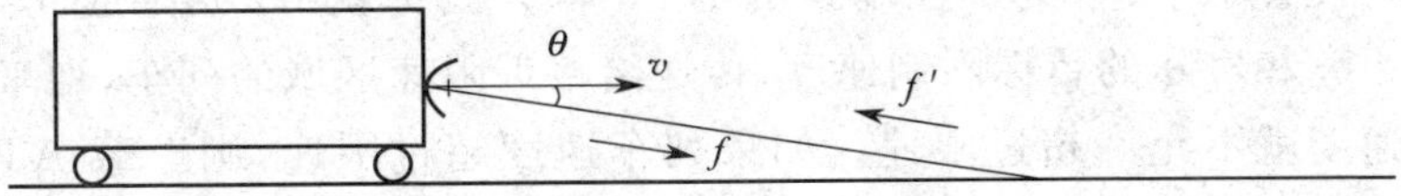

图 4-10 雷达测速工作原理

雷达天线由列车向地面发射频率为 f 的微波波束,电磁波被地面反射回来,由于反射体的相对运动,产生多普勒效应,其频率将偏离 f 而变成 f'。f'与 f 的差值 f_d 称为多普勒频率。f_d 与车速成正比,测得 f_d,即可得到列车的运行速度。

(2)测距

在目标距离模式中,列车位置对于安全性至关重要。如果列车无法掌握它在线路中的准确位置,那么它就无法保证在抵达障碍物或限制区之前停下或减速。如何测量距停车点的精确距离是列车运行超速防护系统的重要任务。通过连续确定列车行驶距离,ATP 车载设备可以随时查找列车的精确位置。距离信息以轨道区段的分界来定位,当列车经过轨道区段的分界时,距离测量被同步。

测距是通过测速与轮径完成的,距离测量系统记录车轮旋转的次数,考虑运行方向和车轮直径,计算出列车走行的距离。

也可采用信标来进行测速测距。信标(APR)沿线路等间距放置。这些信标的信息由装在列车上的发射应答器读取。每个信标都有一个独一无二的识别号,存储在 ATP/ATO 系统存储器中。这个系统可以确保在指定范围内对转速传感器发出的信号进行自动重新校正,也能进一步确定列车位置。

6. 速度限制

速度限制分为固定限速、临时限速、道岔限速等。

(1)固定限速

固定限速是在设计阶段设置的。车载 ATP 和 ATO 设备都储存着整条线路上的固定限速区信息。速度梯降级别为 1 km/h。它决定了"目标距离"工作模式下可能给出的最优行车间隔。

(2)临时限速

限制速度在某些条件下(施工现场、临时危险点)可以被降低。临时速度限制区段的范围总是限制在一个或多个轨道区段。

ATP 通过设置区域限速或闭塞分区限速来设置速度限制。

①区域速度限制

区域速度限制是针对轨道区段内的预定区域设定的限制速度,可分为 15 km/h、30 km/h、45 km/h、60 km/h。区域限速可由 ATP 轨旁设备设置,也可在需要时由控制中心设置，如果控制中心离线或通信失败，则本地轨旁设备可直接设置区域限速。一旦设置了限速，集中控制站的 ATP 轨旁设备就将产生到速度限制区的新的目标距离和实际的目标限制速度，传送给接近限速区域的列车，列车在该区域中的运行速度就不允许超过限速。如果列车速度超过限速，则车载 ATP 将启动紧急制动。

②闭塞分区限速

闭塞分区限速是对单独的轨道区段设置最大的线路允许速度和目标速度。通过 ATP 轨旁设备选择最大速度，所选的速度作为轨道区段的最大允许速度。

控制中心可以确定和解除临时限速。解除时，要执行一套安全防护措施。临时速度限制区段的范围总是限制在一个或多个轨道区段中。

7. 常用制动和紧急制动

ATP 车载设备具有常用制动和紧急制动两级防护控制的能力。在常用制动失效后，可施行紧急制动。

常用制动不影响原有列车制动系统的功能。它缩短了制动空走时间，大大减小了制动时的纵向冲击加速度，使列车运行更安全、舒适。

紧急制动时，列车冲击大，中途不能缓解，不能使列车安全平稳地运行。ATP 车载设备收到紧急停车命令后，将发送给影响区域内的列车的数据信息中的"线路速度"、"目标速度"设置为零。

紧急制动的实施可通过下列三种基本方式的任何一种来实现：

①在列车超速、后退、移动时车门打开等的情况下，直接由 ATP 功能提供防护；②在故障情况下(例如在需要报文时，不能接收到报文)，直接由 ATP 功能作为安全防护；③由司机或由牵引控制设备执行，不依靠 ATP 功能。

在危急情况下，控制中心按下紧急停车按钮或轨旁按下安装在站台两侧的紧急停车按钮即可启动紧急停车。

8. 停站

(1)车站程序停车

各车站都有预先确定的停站时间间隔。控制中心 ATS 监督列车时刻表，计算需要的停站时间以保证列车正点到达下一个车站。由集中控制站 ATS 传送给车载设备。控制中心能通过集中控制站 ATS 缩短或延长车站停站时间，以及跳停。

(2)车站定位停车

设置站台屏蔽门时，车门的开度和屏蔽门的开度要配合良好。要求安装有屏蔽门的地下车站允许停站误差为±0.25 m，其他车站允许停站误差为±0.5 m。

车站定点停车是靠一组地面标志器(标志线圈，即应答器)提供至停车点的距离信息，标志器设置的多少可视定位停车精度而异，一般为 3～4 个。地面标志器设于沿线离站台的确定距离内，当列车标志天线置于地面标志器作用范围内时，地面标志器被激活，根据其距离发送相关的振荡频率供列车接收。图 4-11 为地面停车标志器布置示意图。

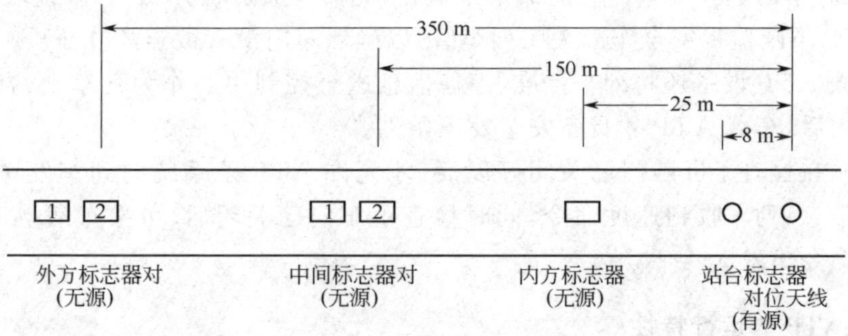

图 4-11 标志线圈布置

离定位停车点 350 m 处设置外方标志器对；离 150 m 处设中间标志器对；离 25 m 处设内方标志器；离 8 m 处设站台标志器。350 m 和 150 m 标志器成对布置，具有方向性。无源标志器具有固定的谐振频率，列车经过时与车载标志器产生谐振。有源标志器能发送特定的频率信号。

当列车正向运行经过 350 m 标志器时，列车接收停车标志频率信息，启动定点停车程序，产生第一制动模式曲线，按此制动曲线停车，列车离定位停车点较远。当列车驶抵中间标志器时，产生第二制动模式曲线，以使列车离停车点更近。当列车收到内方标志器传来的停车信息时，产生第三制动模式曲线，使列车离定位停车点的距离更近。列车收到站台标志器送来的校正信息，即转入停车模式，产生第四制动模式曲线。经多次制动、缓解控制，确保列车定位停车的精度控制在规定的范围之内，当车载定位天线与地面定位天线对齐时，又收到一个频率信号，立即实施全常用制动，将车停住。

9. 车门控制

在通常的情况下，在列车没有停稳在站台或是在车辆段转换轨上时，ATP 不允许车门开启。当列车在车站的预定停车区域内停稳且停车点的误差在允许范围以内时，地面定位天线会收到车载定位天线发送的停稳信号，列车从 ATP 轨旁设备收到车门开启命令，ATP 才会允许车门操作。这需要地面和车载 ATC 设备以及车辆门控电路共同配合。有了车门开启命令后，使 ATP 轨旁设备改发打开屏蔽门信号，当站台定位接收器收到此信号，便打开与列车车门相对应的屏蔽门。

列车停站时间结束(或人工终止)，地面停站控制单元启动 ATP 轨旁设备，停发开门信号，由司机关闭车门，随即关闭屏蔽门。

在列车停靠站台的精度已经偏离了±0.5 m(对于地下车站)或±1 m(对于高架车站或地面车站)的情况下,列车可以被允许以小于 5 km/h 的速度移动,以满足精确停车的要求。

左、右车门选择由车门开启命令来执行,此命令通过轨旁 ATP 系统取得。

ATP 不断监视安全车门关闭列车管,以确保车门没有被异常打开。

地面 ATP 设备还将列车停准、停稳信息送至控制中心作为列车到站的依据。车门关闭后,车载 ATP 才具备安全发车条件。

车站在检查了屏蔽门已关闭好以后,才允许 ATP 子系统向列车发送运行速度命令信息,列车收到速度命令,同时检查了车门已关闭后,可按车载 ATP 收到的速度命令出发。

五、ATP 的运行特性

1. 危险点和保护区段

危险点是不能越过的轨道区段的始端或已占用的轨道区段的始端。列车无论如何不能越过危险点,否则将导致危险情况的发生。

因此,ATP 保护区段必须在危险点处终止。ATP 保护区段的长度是以运营条件为基础的,例如轨道区段的速度限制、减速度、坡度、在距离测量中出现的误差。它确保列车最迟在 ATP 保护区段末端(危险点前方)停稳。

2. 安全停车点和运营停车点

安全停车点是在危险点的基础上定义的。

运营停车点是对列车应停车的车站设置的。运营停车点位置的设计根据运行方向决定。

安全和非安全停车点,在 ATP 轨旁单元中按互相独立处理。它们的编码数据借助于零目标速度和目标距离传到车载设备。仅非安全停车点可应 ATS 请求而取消。

3. 输入数据

生成报文所需的数据由联锁设备、轨道空闲检测设备、相邻轨旁 ATP 单元和紧急关闭按钮提供。需要输入下列数据:线路上轨道区段的连接和道岔布置、设计的最大安全速度(它们被固化在 ATP 轨旁单元内)、临时限速区段、设计的安全区段、道岔设定和道岔区段的侧向限速、进路的入口、轨道空闲检测、紧急停车。

4. 列车方向保证

列车的方向由司机控制台上方向开关的状态来控制。ATP 根据由两个速度传感器所接收到的速度脉冲,安全地确定列车的运行方向。ATP 执行一项交叉检查,以确认所探测到的运行方向与由方向开关所选择的方向相一致。

5. 出入车辆段的运行

(1)进入车辆段

正常情况下,列车从正线运行至车辆段内,以 ATO 模式或 SM 模式接近车辆段,且要求列车停在车辆段入口附近。然后,当列车到达合适位置,且列车速度不高于 RM 速度,系统将提示司机选定 RM 模式。

(2)车辆段内的正常驾驶

在车辆段内,没有提供 ATC 功能的轨旁设备,只能使用 RM 模式。ATP 功能不监督驾驶方向,列车可以自由地以"前行"或"反向"的方向移动。

(3)从车辆段发车

在有效的驾驶室用总钥匙打开 ATP 和 ATO 车载单元。ATP 执行自检测,并在成功地完成自检测之后启动 ATO 车载单元。只要没接收到报文,ATP 就认为列车在车辆段内,并保持在 RM 模式中。

当从车辆段向正线行驶时,要求使用 RM 模式,这由车辆段的出段信号机来控制。当列车一进入正线前的转换轨,就会接收到从轨道区段发来的报文,ATP 车载单元将自动转换至 SM 模式。如满足转换到 ATO 模式的全部条件,ATO 启动按钮就会亮,司机按下 ATO 启动按钮,ATP 车载单元转换到 ATO 模式。

第三节　ATO 子系统基本原理

ATO 子系统(以下称 ATO 系统)主要用实现"地对车控制",即用地面信息实现对列车驱动、制动的控制,包括列车自动折返,根据控制中心指令自动完成对列车的启动、牵引、惰行和制动,送出车门和屏蔽门同步开关信号,使列车按最佳工况正点、安全、平稳地运行。

一、ATO 系统基本概念

ATO 为非故障—安全系统,其控制列车自动运行,主要目的是模拟最佳司机的驾驶,实现正常情况下高质量的自动驾驶,提高列车运行效率,提高列车运行的舒适度,节省能源。

ATP 系统是城市轨道交通列车运行时必不可少的安全保障,ATO 系统则是提高城市轨道交通列车运行水平(准点、平稳、节能)的技术措施。

和 ATP 系统一样,ATO 也载有有关轨道布置和坡度的所有资料,以便能优化列车控制指令。ATO 还装有一个双向的通信系统,使列车能够直接与车站内的 ATS 系统接口,保证实现最佳的运行图控制。

当列车处在自动驾驶模式下,车载 ATO 运用牵引和制动控制,实现列车自动运行。

二、ATO 系统的组成

虽然各公司的 ATO 系统结构不尽相同,但 ATO 系统的基本组成是共同的。ATO 系统都由轨旁设备和车载设备组成。

ATO 轨旁设备通常兼用 ATP 轨旁设备,接收与列车自动运行有关的信息。

ATO 车载设备由设在列车每一端司机室内的 ATO 控制器及安装在列车每一端司机室车体下的两个 ATO 接收天线和两个 ATO 发送天线组成。ATO 车载设备通常和 ATP 车载设备安装在一个机架内。

ATO 通过车载 ATO 天线和地面 ATO 环线允许列车直接与车站内的 ATS 连接,可以实现最佳的运营控制,完成:程序停车、运行图和时刻表调整、轨旁/列车数据交换、目的地和进路控制功能。

ATO 还具有定位停车系统,为列车提供精确的位置信息。包括车底部的标志器和对位天线,以及每个车站 ATC 设备室内的车站停车模块和沿每个站台设置的一组地面标志器。

ATO 的功能不考虑故障—安全,因此,ATO 车载单元是非故障—安全的一取一配置。ATO 显示单元不要求是故障—安全的,可采用商用计算机硬件。

三、ATO 系统的主要功能

ATO 系统的功能分为基本控制功能和服务功能。基本控制功能是自动驾驶、自动折返、车门打开。这三个控制功能相互之间独立地运行。服务功能包括:列车位置、允许速度、巡航/惰行、PTI 支持功能等。

1. ATO 系统基本控制功能

(1)自动驾驶

①自动调整列车运行速度

ATO 车载控制器通过比较实际列车运行速度及 ATP 给出的最大允许速度及目标速度,并根据线路的情况,自动控制列车的牵引及制动,使列车始终按控制速度运行,并尽可能减少牵引、惰行和制动之间的转换。

②停车点的目标制动

车站停车点作为目标点,车站停车点由 ATP 轨旁单元和 ATS 系统控制。当停车特征被启动后,ATO 系统基于列车速度、预先决定的制动率和距停止点的距离计算出一个制动曲线,采用最合适的减速度(制动率)使列车准确、平稳地停在规定的停车点。与列车定位系统相配合,可使停车位置的误差达到 0.5 m 以下。

假如列车超过了停车点,ATP 准许后退一定距离。如果超过后退速度限制值,向列车司机发出声音和视觉报警。

③ 从车站自动发车

当发车安全条件符合时(在 ATO 模式下,关闭了车门,这由 ATP 系统监视),ATO 系统给出启动显示,司机按下启动按钮,ATO 系统使列车从制动停车状态转为驱动状态。停车制动将被缓解,然后列车加速。ATO 通过预设的数据提供牵引控制,使列车平稳加速。停站时间由 ATS 控制,并传送给 ATP。

④区间内临时停车

由 ATP 系统给出目标点位置(例如运行前方有车)及制动曲线,并将数据传送给 ATO 车载单元,ATO 系统得到目标速度为“0”的速度信息后自动启动列车制动,使列车停稳在目标点前方 10 m 左右。此时车门还是由 ATP 系统锁住的。一旦运行前方停车目标点取消,速度信息改为进行码后,ATO 系统使列车自动启动。

⑤限速区间

临时性限速区间的数据传输给 ATP 车载设备,再由 ATP 车载设备将减速命令经 ATO 系统传达给驱动、制动控制设备。此时 ATO 车载设备的功能相当于 ATP 系统与驱动、制动控制设备之间的一个接口。对于长期的限速区间,可事前输入 ATO 系统,在执行自动驾驶时,系统会自动考虑到该限速区间。

(2)无人自动折返

无人自动折返是一种特殊情况下的驾驶模式,在这种驾驶模式下无需司机控制,而且列车上的全部控制台将被锁闭。

从接收到无人驾驶折返运行许可时,就自动进入 AR 模式。授权经驾驶室 MMI 显示给司机,司机必须确认这个显示,并得到授权,锁闭控制台。

只有按下站台的 AR 按钮以后,才实施无人驾驶列车折返运行。ATC 轨旁设备提供所需的数据以驾驶列车进入折返线,自动回到出发站台。列车一到出发站台,就会退出 AR 模式。

(3)自动控制车门开闭

由 ATP 系统监督开门条件,当 ATP 系统给出开门命令时,可以按事前的设定由 ATO 系统自动地打开车门,也可由司机手动打开正确一侧的车门。车门的关闭只能由司机完成。

当列车空车运行时,从 ATS 接收到的指定的目的地号阻止车门的打开。

2. ATO 系统服务功能

(1)列车位置

列车位置功能从 ATP 功能中接收到当前列车的位置和速度等信息。根据上一次计算后所运行的距离来调整列车的实际位置。此调整也考虑到在 ATP 功能计算列车位置时传送和接收的延迟时间，以及打滑和滑行。

另外，ATO 功能同测速单元的接口为控制提供更高的测量精确性。列车位置功能也接收到地面同步的详细信息，由此确定列车的实际位置和计算列车位置的误差。

(2)允许速度

允许速度功能为 ATP 速度控制器提供列车在轨道任意点的对应速度值。这个速度没有被优化，只是低于当前速度限制和制动曲线给的限制。允许列车速度调整是为了能源优化或由惰行/巡航功能完成的列车运行。

(3)巡航/惰行功能

巡航/惰行功能的任务是按照时刻表自动实现列车区间运行的惰行控制，同时节省能源，保证最大能量效率。

ATO 巡航/惰行功能协同 ATS 中的 ATR 功能，并通过确定列车运行时间和能源优化轨迹功能实现巡航/惰行功能。

①确定列车运行时间的功能

由 ATO 和 ATR 功能确定的列车运行时间，通过车站轨道区段占用完成同步。当列车在 ATO 功能下，从报文给定的列车运行时间中减去通过计时器测定的已运行时间，以确定到下一站有效的可用时间。

②能源优化轨迹功能

能源优化轨迹的计算要考虑加速度、坡度制动以及曲线制动。因此，整套系统的轨道曲线信息都储存在 ATO 存储器中。借助此信息，并使用最大加速度，惰行/巡航功能计算出到下一停车点的速度距离轨迹。

(4)PTI 支持功能

PTI 支持功能是通过多种渠道传输和接收各种数据，在特定的位置(通常设在列车进入正线的入口处)传给 ATS，向 ATS 报告列车的识别信息、目的号码和乘务组号，以及列车位置数据，以优化列车运行。

PTI 功能是由车载设备和轨旁设备实现的。由 ATC 车载设备提供的数据，通过 ATO 功能，传输到 PTI 的轨旁设备，进而传给 ATS。

四、ATO 系统基本工作原理

1. 列车自动驾驶

ATO 存储了轨道布局和坡度信息，能够优化列车控制命令。ATO 中有一套最大安全速度数据，与 ATP 的最大安全速度数据互相独立。这样，为了保证乘坐的舒适性，ATO 可按照最大速度行驶，不过这一速度要小于 ATP 的最大安全速度。ATO 的最大速度可以设置，递进精度为 1 km/h。

ATO 利用通过地面 ATP 设备传来的编码得知前方未被占用的轨道区段数目或者前行列车的位置，知道当前本次列车的位置，列车就可以在到达安全停车点之前，综合考虑安全因素，尽量以全速行驶。

ATO 系统的自动驾驶功能是通过 ATO 车载设备控制列车牵引和制动系统而实现的。为此，ATO 需要 ATP 的数据：从 ATP 轨旁单元接收到的全部 ATP 运行命令、测速单元提供的当前列车位置和实际速度信息、位置识别和定位系统的信息、列车长度、ATS 通过向 ATP 轨旁单元发送的出站命令和到下一站的计划时间。

如果 ATO 自检测成功完成，且 ATP 设备释放了自动驾驶，信号显示“ATO 启动”，就可以实施 ATO 驾驶。

由 ATO 系统执行的自动驾驶过程是一个闭环反馈控制过程，其基本关系框图如图 4-12 所示。测速单元通过 ATP 向 ATO 发送列车的实际位置信息。反馈环路的基准输入是从 ATP 数据和运营控制数据中得出的。ATO 向牵引和制动控制设备提供数据输出。

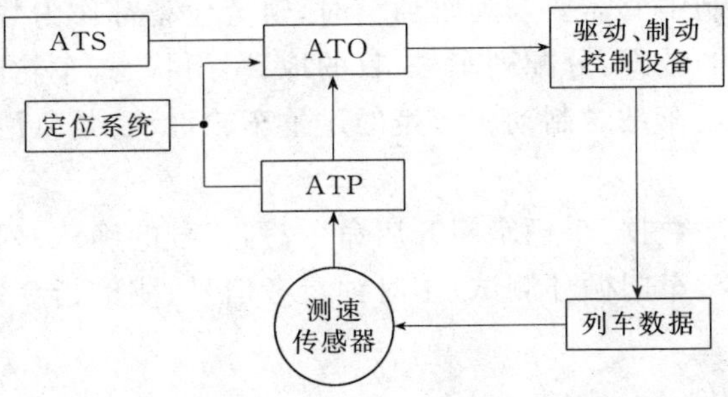

图 4-12　自动驾驶的闭环控制框图

ATO 模式在以下条件下被激活：ATP 在 SM 模式中；已过了车站停车时间；联锁系统排列并锁闭了进路；车门关闭；驾驶手柄处于零位。

于是，司机通过按压启动按钮开始 ATO 模式，列车加速达到计算的速度曲线。假如其中一项条件不能满足，启动无效。

在达到计算速度时，系统根据这个速度曲线控制列车的运行。当接近制动启动点时，ATO 设备将自动控制常用制动使列车运行跟随制动曲线。

2. 车站程序停车

各车站都有预先确定的停站时间间隔。控制中心 ATS 监督列车时刻表，计算需要的停站时间以保证列车正点到达下一个车站。由集中控制站 ATS 传送给 ATO 车载设备。

3. 车站定位停车

车站精确停车通过在车站区域的轨道区段标识、分界过渡和 ATO 环线变换来进行。轨道区段标识被用来确定停车特征的合适起始点。轨道电路分界过渡和轨旁 ATO 环线变换提供了距离分界。该距离分界用于达到所要求的位置精度。

当停车特征启动后，ATO 基于列车速度、预先确定的制动率和距停止点的距离计算制动特征。ATO 将通过根据要求改变牵引和制动需求来遵循此特征。制动率调整值轨从旁 ATO 取得。

停车点是列车头尾和车站头尾的匹配。一旦列车停车，ATO 会保持制动，以避免列车运动。

ATO 可以与站台屏蔽门(PSD)的控制系统全面接口，保证列车的精确和可靠地到站停车。

4. 车门控制

ATO 只有在自动模式下才执行车门开启。在手动模式，由司机进行车门操作(ATP 仍会提供一种安全的车门使能功能)。

5. 轨旁/列车数据交换

任何情况下控制中心需要与列车通信时，轨旁设备都作为数据交换的接口。

列车发到轨旁的数据：分配列车号；目的地；车门状态；车轮磨损表示(从 ATP 到控制中心)；在接近车站时制动所产生的过量车轮滑动；紧急情况或异常情况(比如不正确的开门)。

轨旁发到列车的数据：车辆车门开启命令；列车号的确认；列车长度；性能修改数据；出发测试指令；车门循环测试；主时钟参考信号；跳停指令；搁置命令；申请车载系统和报警状态。

6. 性能等级

性能等级是列车标识的一部分，可以被中央 ATS 修改。列车从轨旁接收到由中央 ATS 所确定的性能等级。性能等级由速度限制、命令的加速、预定的减速构成。为了减少数据的传输量，一张六个性能等级的表存放在列车上。为了修改当前性能等级，中央 ATS 发送单数字命令。

7. 滑行模式

滑行模式是一种额外的性能等级。滑行模式会使列车在上电的间隙进行滑行，并且允许列车的实际速度在重新上电之前下降 11 km/h。

五、ATO 与 ATP 的关系

在“距离码 ATP 系统”的基础上安装了 ATO 系统，列车就可采用手动方式或自动方式进行驾驶。在选择自动驾驶方式时，ATO 系统代替司机操纵，诸如列车启动加速、匀速惰行、制动等基本驾驶功能均能自动进行。然而，不论是由司机手动驾驶还是由 ATO 系统自动驾驶，ATP 系统始终是执行其速度监督和超速防护功能。可以这样认为：

手动驾驶＝司机人工驾驶＋ATP系统

自动驾驶＝ATO系统自动驾驶＋ATP系统

ATP系统主要负责"超速防护"，起保证安全的作用；ATO系统主要负责正常情况下列车高质量地运行。

因此，ATP是ATO的基础，ATO不能脱离ATP单独工作，必须从ATP系统获得基础信息。而且，只有在ATP的基础上才能实现ATO，列车安全运行才有保证。ATO是ATP的发展和技术延伸，ATO在ATP的基础上实现自动驾驶，而不仅仅停留在超速防护的水准上。

第四节　ATS子系统基本原理

ATS子系统（以下称为ATS系统）主要实现对列车运行的监督和控制，包括：列车运行情况的集中监视、自动排列进路、自动列车运行调整、自动生成时刻表、自动记录列车运行实迹、自动进行运行数据统计及自动生成报表、自动监测设备运行状态等，辅助调度人员对全线列车进行管理。

一、ATS系统的基本概念

ATS系统主要是实现对列车运行及所控制的转辙机、信号机等设备运行状态的监督和控制，给行车调度人员显示出全线列车的运行状态，监督和记录运行图的执行情况，在列车因故偏离运行图时及时做出调整。

ATS在ATP和ATO系统的支持下，根据运行时刻表完成对全线列车运行的自动监控，可自动或由人工监督和控制正线（车辆段、停车场、试车线除外），及向行车调度员和外部系统提供信息。ATS功能由位于控制中心内的设备实现。

ATS系统功能主要包括：时刻表编辑、列车运行监视、列车自动调整、自动排列进路等。

ATS工作方式为集中管理，分散控制。

ATS系统能与ATP系统、计算机联锁设备配套使用，并有与时钟系统、乘客向导系统和综合监控系统的接口。

ATS系统负责监控列车的运行，是非安全系统。

二、ATS系统组成

ATS系统由控制中心设备、车站设备、车辆段设备、列车识别系统及列车发车计时器等组成。因用户要求不同，ATS的硬件、软件配置差别很大。

1. 控制中心设备

控制中心设备属于ATS系统，是ATC的核心，用于状态表示、运行控制、运行调整、车次追踪、时刻表编制及运行图绘制、运行报告、调度员培训、与其他系统的接口。其设备组成如图4-13所示。

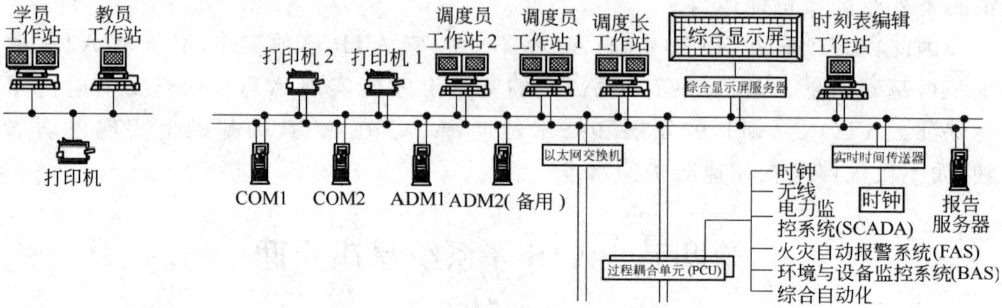

图4-13　控制中心设备

控制中心ATS设备主要包括中心计算机系统、综合显示屏、调度员及调度长工作站、运行图工作站、培训/模拟工作站、绘图仪和打印机、维修工作站、UPS及蓄电池。其中，综合显示屏、调度员及调度长工作站设于主控制室，控制主机、通信处理器、数据库服务器、维修工作站设于设备室，运行图工作站设于运行图室，绘图仪和打印机设于打印室，培训/模拟工作站设于培训室，UPS设于电源室，蓄电池设于蓄电池室。

(1)中心计算机系统

中心计算机系统包括：控制主机、COM服务器、ADM服务器、TTE服务器、局域网及各自的外部设备。为保证系统的可靠性，主要硬件设备均为双套热备方式，可自动或人工切换。系统满足自动控制、调度员人工控制及车站控制的要求。

实际的进程映像都存储在COM服务器(通信服务器)上。所有从联锁和外围设备发送来的数据都由COM服务器最先得到和处理。一些应用功能也由COM服务器激活，并在此服务器上运行，如列车自动调整、自动列车跟踪、自动进路设置等功能。因此，COM服务器是自动调整功能的核心部分。

ADM服务器(系统管理器)用于系统数据存储、处理所有不受运行事件影响的数据，如系统配置、计划时刻表、计划运行图等。通常在系统启动时或收到一个询问指令时或对某一设备的参数进行设置时才需要。列车自动调整功能所需要的计划时刻表数据，就是在系统启动时从ADM服务器中读得的。

TTE服务器(时刻表编辑器)建立离线时刻表的操作平台。时刻表的编译也是TTE服务器的任务。ADM服务器存储的计划时刻表由TTE服务器提供。

(2)综合显示屏

综合显示屏用来监视正线列车运行情况及系统设备状态，由显示设备和相应的驱动设备组成。

(3)调度员工作站及调度长工作站

调度员工作站及调度长工作站,用于行车调度指挥,是实际操作平台,使调度员能在控制中心控制联锁设备,监视列车运行,如需要可显示计划运行图和实迹运行图。典型的配置是32位台式机、显示器、键盘、鼠标。设两个工作站,它们与正线运转有关。调度长工作站是备用控制台,它能替代或扩大其他两个工作站中任一个的工作。

(4)运行图工作站

运行图工作站用于运行计划的编制和修改,通过人机对话可以实现对运行时刻表的编辑、修改及管理。

(5)培训/模拟工作站

培训/模拟工作站配有各种系统的编辑、装配、连接和系统构成工具以及列车运行仿真的软件。它可与调度员工作站显示相同的内容,有相同的控制功能,能仿真列车在线运行及各种异常情况,而不参与实际的列车控制。实习调度员可通过它模拟实际操作,培养系统控制和各种情况下的处理能力。

(6)打印机服务器、绘图仪和打印机

打印服务器缓冲和协调所有操作员和实时事件激活的打印任务。彩色绘图仪和彩色激光打印机,分别用于输出运行图及各种报表。

(7)维修工作站

主要用于ATS系统的维护、ATC系统故障报警处理和车站信号设备的监测。

(8)局域网

把本地和远程工作站、服务器连接在一起,为各部分间进行高速数据交换。

(9)UPS及蓄电池

控制中心配备在线式UPS及可提供30 min后备电源的蓄电池。

控制中心一般设在城市轨道交通线路的较大车站,它配套现代化、高性能、模块化的控制系统,是基于灵活的工作站结构。工作站的硬件设置相同,所不同的是扩展的内存和接口板。具有与分散的联锁设备、综合自动化系统、乘客向导系统等通信的界面。控制中心与各站联锁设备间由遥控系统联系,如过程连接单元完成所有分散接口与联锁装置及ATO系统的通信控制,车辆段服务器把车辆段的两台远程MMI与控制中心连接起来。

2. 车站设备

车站分集中控制站和非集中控制站,设备不同。

(1)集中控制站设备

集中控制站设有一台ATS分机,是ATS与ATP地面设备和ATO地面设备接口,用于连接联锁设备和其他外围系统,采集车站设备的信息,传送控制命令,使车站联锁设备能接收 ATS 系统的控制,以实现车站进路的自动控制。为从联锁设备取得所需数据,配备了可编程控制器型远程终端单元。采用模块化设计,扩展十分容易。它还集中控制站台上的列车目的显示器 PIIS、列车到发时间显示器和发车计时器。

车站 ATS 设备的功能有:

①接收、存储其管辖范围内当日的列车计划时刻表;

②根据计划时刻表及列车运行情况,自动控制及办理管辖范围内的列车进路,包括进、出正线,终端站、折返站折返进路等;

③特殊情况下,可以按控制中心设定的运行间隔控制列车运行;

④根据计划时刻表自动控制列车到站及出发时刻;

⑤采集管辖范围内的所有各车站的列车运行信息、设备工作状态,并将这些信息送至控制中心 ATS;

⑥实现本管辖范围内的列车车次追踪;

⑦控制无道岔车站的 RTU 设备,并向相邻的 ATS 设备传送有关信息;

⑧控制 ATO 地面设备,向列车传送运行控制信息。

(2)非集中控制站设备

非集中控制站不设 ATS 分机。非集中控制站的 PTI(列车识别系统)、PIIS 和 DTI 均通过集中控制站的 ATS 分机与 ATS 系统联系。有岔非集中控制站的道岔和信号机由集中控制站控制,通过集中控制站的 ATS 分机接收 ATS 系统的控制命令。

3. 车辆段设备

(1)ATS 分机

车辆段设一台 ATS 分机,用于采集车辆段内存车库线的列车占用及进/出车辆段的列车信号机的状态,在控制中心显示屏上给出以上信息的显示,以便控制中心及车辆段值班员及车辆管理人员了解段内停车库线列车的车次及车组运用情况,正确控制列车出段。

(2)车辆段终端

车辆段派班室和信号楼控制台室各设一台终端,与车辆段 ATS 分机相连,根据来自控制中心的实际时刻表建立车辆段作业计划。

车辆段联锁设备,通过 ATS 分机与控制中心交换信息,实现段内运行列车的追踪监视。

4. 列车识别系统(PTI)

PTI 设备是 ATS 车次识别及车辆管理的辅助设备,其由地面查询器环路和车载应答器组成。地面查询器环路设于各站。PTI 设备用于校核列车车组号。当列车经过地面查询器时,地面查询器可采集到车载应答器中设定的列车车组号,并经车站 ATS 设备送至控制中心，校核是否与中心计算机列车计划中的车组号一致，若不相同则报警并进行修正。

5. 列车发车计时器(TDT)

TDT 设备设于各站，为列车运行提供车站发车时机、列车到站晚点情况的时间指示，提示列车按计划时刻表运行。正常情况下，在列车整列进入站台后，按系统给定站停时间倒计时显示距计划时刻表的发车时间，为零时指示列车发车；若列车晚点发车，则 TDT 增加停站时间的计时。在特殊情况下，若实施了站台扣车控制，TDT 给出“H”显示；如有提前发车命令，TDT 立即显示零；列车通过车站时 TDT 显示“＝”。

三、ATS 系统主要功能

ATS 系统具有下列主要功能：列车运行情况的集中监视和跟踪；列车运行实迹的自动记录；时刻表自动生成、显示、修改和优化；自动排列进路，按行车计划自动控制道旁信号设备以接发列车；列车运行自动调整；列车运行和设备状态自动监视；调度员操作与设备状态记录、运行数据统计及报表自动生成；运输计划管理，输出及统计处理；列车车次号自动传递；车辆修程及乘务员管理；系统故障复原处理；列车运行模拟及培训；乘客向导信息显示。

1. 列车监视和跟踪

进行在线列车的监视、跟踪、车次的移位及显示。

(1)列车监视

列车监视是用计算机来再现列车的运行。列车运行由轨道空闲和占用信号来驱动。列车由车次号来识别。ATS 给 MMI、乘客信息显示系统、模拟线路表示盘提供列车位置和车次号。

(2)车次号输入、追踪、记录和删除

列车车次号是 ATS 功能的先决条件，必须在规定时间内提出。当列车由车辆段进入正线运行时，ATS 系统将根据计划时刻表自动给计划车加入车次号。列车车次号输入用于修改和确认列车车次号。输入方式有：在读站自动输入车次号、时刻表系统提出车次号、系统自动生成虚假车次号、调度员人工输入。

车次号在该列车通过读站时被记录，出错时调度员可用另一车次号予以替代。

车次号从列车在车辆段开始至全部正线连续追踪，在控制中心显示器上的车次窗内随着列车运行的位置动态显示。调度员可人工修改，并能由车次查出对应车组号。

车次号删除是从 ATS 系统中清除车次号记录，在被监视到离去本区段、被覆盖时删除，也可人工删除。

(3)列车运行识别

列车运行由轨道占用信号从“空闲”到“占用”的翻转来识别。列车运行被监测到，就在计算机内再现。

(4)集中显示

控制中心表示分为大屏表示盘和显示器。在站场布置图上显示正线全线列车运行及信号设备的工作状况，如列车位置及车次号、信号显示、道岔位置、轨道状态、进路状态及开通方向、车站控制状态(站控或遥控)、行车闭塞方式(自动闭塞或站间闭塞)、站台扣车状态、信号设备报警等，以及根据调度员的需要在显示器上显示车辆段内列车运用状况及各种报告。

2. 时刻表处理

包括安装、修改、存储时刻表，描绘、显示和打印实迹运行图。

系统提供时刻表编制用的数据库，通过调度员的人工设置如站停时间、列车间隔、轨道区段布置等数据产生计划时刻表。每天运营前将当日使用的计划时刻表从控制中心传至车站 ATS 分机。

系统贮存适合于不同运行情况的多套时刻表；根据时刻表自动完成列车车次号的跟踪与更新；自动生成时刻表。

控制中心 ATS 根据列车运行的实际情况自动绘制列车实迹运行图。

系统随时对时刻表的状态进行比较。利用车次号和列车位置可以对一列车的计划位置和实际位置进行比较。在发生偏离(早点或晚点)时，系统一方面通过适当的显示通知调度员，另一方面自动产生相应的纠正措施。

3. 自动建立进路

控制中心能对列车进路、信号机、道岔实现集中控制，可根据当日列车运行计划时刻表自动控制列车运行，包括：自动办理正线各种进路并控制办理的时机，自动控制列车驶入、离开正线的时机，自动控制车站列车停车时间及发车时机。必要时，通过办理控制权转移手续，可将控制权转移至车站。

调度员必要时可以人工控制，包括人工建立及取消正线各种进路等。调度员的人工控制命令在执行前均由中心计算机检查其合理性，并给出提示。

自动建立进路的功能是形成控制道岔位置的命令和在适当时间向信号系统发送这些命令。将列车车次号和位置信息、道岔位置和已选信号系统的信息提供给自动建立进路系统，命令的输出由接近列车的监测和进路计划来控制。

4. 列车运行调整

不断地对计划时刻表与实际时刻表进行比较，通过调整停站时间自动调整列车按计划时刻表运行，在此基础上自动产生列车的出发时间。在装备有 ATO 的线路上能通过对列车运行等级的设置实现对列车运行的自动调整。

调度员也可通过人工命令调整列车停站时间来到调整列车运行。

5. 乘客信息显示系统

用来通知等待的乘客下一列车的目的地和到达时间。

6. 列车确实位置识别

列车识别码由司机在开始旅程前选定,由列车自动发送。

7. 服务操作

操作员能修改数据库、列车参数、控制与显示数据库信息。

8. 仿真及演示

系统仿真是通过仿真手段,离线模拟列车的在线运行,主要用于系统的调试、演示以及人员培训,是一种必不可少的运行模式。它与在线控制模式几乎完全相同,唯一的差别是列车定位信息不是实际获取,而是随车次号的设置而出现。仿真模拟运行能够模拟在线控制中的所有功能,但它与现场之间没有任何表示信息和控制命令的信息交换。

培训/演示系统具有模拟时刻表,模拟列车运行的调度等,可记录、演示,据此对学员进行实际操作的培训。

9. 遥控联锁

联锁设备由远程控制系统操作,它提供了与运营控制系统的接口界面。

10. 运行报告

ATS 能记录大量与运行有关的数据,如列车运行里程数、实迹列车运行图、列车运行与计划时间的偏差、重大运行事件、操作命令及其执行结果、设备的状态信息,设备的故障信息等。ATS 系统所记录的事件都应该有备份。可回放已被记录的事件;提供数据备份和恢复功能,并可回放和查询;提供运行分析报告。

中心 ATS 可辅助调度员了解列车运行情况和系统工作情况。并可登记、记录、统计数据、离线打印。

ATS 系统可按用户的要求提供各种统计功能,以完成各种统计报表(如日报表、周报表、月报表等)。

11. 监测与报警

能及时记录被监测对象的状态,有预警、诊断和故障定位能力;监测列车是否处于 ATP 保护状态;监测信号设备和其他设备结合部的有关状态;具有在线监测与报警能力;监测过程应不影响被监测设备的正常工作。

在相应工作站上,报告所有故障报警的状况并予以视觉提示,直到恢复正常状态为止。重要的故障以音响报警提示,直到确认报警状况为止。

要报警的不正常状况包括:轨旁 ATC 系统内的故障;轨道电路和轨旁设备内的故障;车载 ATC 系统和车辆设备内的故障;车载 ATC 状态信息和在 DTS(光纤通信系统)设备内检测出并由 DTS 报告的故障。

四、ATS 系统基本原理

1. 自动列车跟踪

列车追踪系统是用来监视受控区域内列车的移动。不论是自动还是人工方式，每列列车与一个车次号相关联。当列车由车辆段进入正线运行时，ATS 系统根据计划时刻表自动给该列车加入车次号。根据对来自联锁设备的信息的推断，随着列车的前进，列车车次号在列车追踪系统中从一个轨道区段单元向下一个轨道区段单元移动。列车移动在调度员工作站上的车次号窗内以列车识别号显示出来。

(1)列车识别号报告

每次列车准备进入运营时，它将自动地被分配一个列车标识，根据预先存储的列车时刻表来命名进入系统的列车。根据列车跟踪，显示列车标识并能在显示器上移动列车标识。

列车识别号包括目的地号、序列号和服务号。目的地号规定列车行程终到地点。序列号按每次行程自动累增。乘务组号和车组号将显示在特定的对话框中。

如果某一列车出现在列车追踪系统所监视区域，该列车识别号必须报告给列车追踪系统。列车识别号报告给列车追踪系统的方法有：手动输入、用读点(PTI)读入、从列车时刻表中导出、在步进检测中产生。

当无法自动导出列车识别号时必须手动输入。调度员在其监视区的第一个区段输入列车识别号。如果该区段已被某一列车识别号占用，则不能输入列车识别号。

在系统的边界点，例如在车站，可安装检测接近列车的 PTI。当多次读入的车次号被传输时，列车自动追踪系统可以识别出这些读数属于这一列车。

列车运营是由时刻表决定的，时刻表系统建议列车的识别号。将车次号输入到相应进入的区段，按它们的出现顺序调用。

(2)列车识别号跟踪

自动列车跟踪要完成：列车号定位、列车号删除、车次号处理。

①列车号定位

列车号向轨道区段的分配是由下列任一情况所启动：在列车离开车辆段，一个向正线方向的列车移动被识别，列车号从时刻表数据库取出；来自 PTI 的有效列车数据输入；来自 OCC MMI 的一个列车号插入或修改的输入，或在没有列车号能被步进到的位置识别到一个列车移动时，依照时刻表产生一个列车号。

②列车号删除

当步进超出自动列车跟踪功能的监控范围，或从 OCC MMI 功能输入一个人工删除命令时列车号被删除。

③车次号处理

车次号处理包括：从 OCC MMI 功能输入一个新的列车号、输入列车识别号、更改列车识别号、删除列车识别、人工步进列车识别号、查询列车识别号。

2. 自动排列进路

通过列车进路系统，实现了进路的自动排列。这可以节约调度员大量的操作工作量。其功能就是将进路排列指令及时地输出到联锁设备中去。

调度员可在任何时候都绕过列车进路系统，用手动方式办理进路。列车进路系统则在可用性检查中检测这一行动。列车进路系统可由调度员关闭，这一点是必要的，因在当调度员人工办理进路时，要避免列车进路系统发出命令的危险。列车进路系统可以为某些信号机、某些列车和某些联锁而关闭。

(1)运行触发点

列车进路系统只是在列车到达某一特定地点时才被启动，该特定地点称为“运行触发点”。运行触发点的位置必须进行配置。运行触发点的选择应能使列车以最高线路允许速度运行。但运行触发点又不能发生得太早，否则其他列车可能会遇到不必要的妨碍。为此，可以确定一个延时时间来决定输出列车进路指令的时间。该时间称之为“接通时间”，由最长指令输出时间、联锁最长设定时间、列车到达接近信号机之前司机看到和作出反应的时间、预留的时间等来决定。

(2)确定进路

当到达触发点的列车请求进路时，已配置的数据就确定了进路。为此，为每个带有效目的地码的触发点配置一条进路。

(3)进路的可行性检查

在进路设定指令输出到联锁设备之前，需进行若干可行性检查，该检查将决定执行或拒绝命令。首先要进行“进路始端检查”，以检查没有排列敌对进路。然后进行“触发区段检查”，检查没有其他列车处于该列车和进路入口之间，确认该列车是否到达进路的始端。接着要进行“进路可用性检查”，目的是防止将不能执行的命令发送到联锁设备。如果所有检查都成功完成，则给联锁设备输出一个进路命令。

在规定的时间间隔之后进行“办理进路检查”，以查明联锁设备是否允许执行选择进路的命令，已办理好进路，并与输出命令相符。

列车自动排路功能不取消进路。

3. 时刻表系统

时刻表系统要完成：时刻表数据管理、向其他 ATS 功能模块提供时刻表数据、向外部系统提供时刻表数据、为停站时间时刻表的在线装载设置界面、为时刻表的离线修改设置界面、为使用中的时刻表增加或删除一个列车行程设置界面、按自动列车追踪请求安排列车识别号。

ATS设备包括时刻表数据库，该时刻表数据库里存贮有ATS功能要求的所有时刻表信息。时刻表数据库里的信息是由时刻表计算机提供的。

(1)时刻表编辑

时刻表的编制和修改在离线模式下用给定的基本数据在时刻表编辑器中编辑。基本数据包括：站间旅行时间、车站与折返线之间的旅行时间、在折返线上的停留时间。

时刻表包括到站和离站时间。为了编制时刻表，调度员必须通过时刻表编辑界面输入以下数据：运行始发时间、运行始发地点、运行终到站、每一运行间隔阶段的开始时间和终止时间、每一运行间隔阶段(是一个时间段，在当日对所有列车有效)的运行间隔。

调度员通过时刻表编辑界面输入必要的信息后，时刻表编译器/模拟器从该信息中综合出所需时刻表。如果新的时刻表存在冲突就会被显示。调度员可以调整时刻表的结果。如果调度员存储时刻表，时刻表就被确定。为不同类型的运行阶段可存储不同的时刻表。

系统时刻表中列车运行图或列车运行档案通过列车运行图表示器显示出来。

(2)时刻表系统处理程序

手动选择当天运行的时刻表，这样的时刻表当天运行有效。

时刻表查询功能通过向时刻表系统查询，得到列车的计划到达或出发时间及到达下一站的时间。

如果列车识别号在列车自动追踪时丢失，则向时刻表系统询问列车识别号，时刻表系统能给一个列车识别号建议。

(3)时刻表比较

时刻表比较器比较时刻表上预定的到达或出发时间和当前列车的到达和出发时间，为列车运行图表示器和自动列车跟踪提供列车与当前时刻表的偏差，启动列车自动调整列车。

4. 列车运行自动调整

由于许多随机因素的干扰，列车运行难免偏离基本运行图，尤其是在列车运行密度高的城市。一列列车晚点往往会波及许多其他列车。当出现车辆故障或其他情况时，列车运行紊乱程度更加严重。就需要从整体上大范围地调整已紊乱的运行秩序，尽快恢复运行。人工调整很难尽善尽美。

采用自动调整方法，可以充分发挥计算机的优势，能比较及时并全面地选出优化的调整方案，使列车运行调整措施更智能化，避免人工调整的随意性。同时，调度员也可以积极发挥主观能动性，尽一切可能主动干预列车运行调整。

(1)列车运行调整所需采集的数据

调整列车运行，首先必须实现对列车运行情况以及轨道区段、道岔、信号等设备状况的集中监督。

基本数据包括：车站的顺序和种类、站间旅行时间、各站的停站时间、车站与折返线之间的旅行时间、在折返线上的停留时间和计划时刻表数据等。

实时数据包括调度员下达的控制指令、在线运行列车的实时位置和速度、在线运行列车的限制速度和安全距离。

(2)列车运行调整的目标

①减少列车实迹运行图与计划运行图的偏差；

②所有列车的总延迟最短；

③减少乘客平均等待时间；

④列车运行调整的时间尽量短；

⑤实施运行调整的范围尽量小；

⑥使整个系统尽快恢复正常运营。

(3)列车运行调整的系统模式

列车运行调整的系统模式是指系统调整列车运行的自动化程度。可分为人工调整和自动调整两种类型。

人工调整方式下，除具有自动排列进路、自动的时刻表和车次号管理功能外，还具有自动调度功能，即能根据时刻表和调度模式，按时自动调度列车从端站出发，但运行调整仍需要人工进行。

自动调整除具有人工调整模式的全部功能外，还具有自动调整功能，能根据计划时刻表自动调整列车停站时间和运行等级，使列车尽量恢复正点运行。

(4)列车运行调整的基本方法

对列车运行进行调整，实质上是对列车运行图的重新规划，它是在ATS对列车运行和道岔、信号设备能实时控制的基础上实现的。当列车偏离计划运行图的程度不大时，可以利用运行图自身的冗余时间，对个别列车进行调整即可恢复按图运行；当列车运行紊乱程度较严重时，则需要大幅度调整列车运行。

①改变车站停车时间

通过车站ATS适时发送命令，集中控制站内列车的停站时间。若列车晚点，可使列车提前出发(但也必须受车站最小停站时间的约束)；若列车早点，则可延长列车停站时间。这种方法可以在一定范围内调整列车正点运行。

②改变站间运行时间

根据列车的速度和位置，可以预测列车到达下一站的到站时间。如果预测的到站时间晚于计划到站时间，可以向列车的ATO设备发送命令，提高ATO运行等级，缩短站间运行时间，从而及时消除可能出现的晚点。

③越站行驶(跳停)

如果列车晚点太多,需要快速赶点,可要求列车直接通过下一个车站或多个车站,以尽快恢复到计划时刻表上。

④改变进路设置

在有配线的车站,可通过改变进路的设置来改变列车运行的先后顺序,从而达到调整的目的。

⑤修改计划时刻表

当列车晚点时间比较多,或者涉及晚点的列车比较多时,可以考虑直接修改计划时刻表,尽可能地减小对整个系统的影响,保证系统的有序运行。修改计划时刻表通常包括加车、减车和时刻表整体偏移等。

⑥等间隔调整

当列车运行较多偏移时,可以按照相等的运行间隔进行调整。

(5)列车运行调整的算法

① 线路算法

一旦列车进入运营,线路算法将监视和控制列车的运行性能。线路算法的主要功能是快速和自动地管理由于较小的线路干扰造成的延误。线路干扰是指列车与其时刻表相比提早或滞后的状态,这将影响列车停站时间和在正线上列车的运行。线路算法通过调整列车的停站时间和运行等级,动态和自动地调整列车运行性能和列车运行时刻,使延误的影响减小或消失,以使本站的出发计划误差和下一站的到达计划误差最小。还调整受影响列车的前行列车和后续列车的空间间隔,以平稳地脱离线路干扰。当线路算法确定一列列车或一组列车不能保持与时刻表一致(在时刻表误差内),它将报警。调度员能撤销一列列车或一组列车或者修正时刻表误差并取消报警,还能中止线路算法的自动运行。

② 进路控制算法

进路控制算法监督运营列车的进路,并改变列车上所存储的进路。控制中心能自动地发出命令,要求改变目的地,且能验证列车已收到的新目的地。

5. 控制和显示

当调度员输入命令时,列车控制和显示功能将驱动显示和报警监视器,提供运行状态和历史信息,还检查从现场返回的所有状态数据并按要求动态地更新显示和报警消息;允许调度员在授权的情况下,人工向系统输入命令,调用各种显示;处理所有调度员的输入以及协调这些输入的执行。

ATS服务器处理所有调度员工作站的输入和输出信息。接收从工作站来的命令,包括:登记、退出、显示、硬拷贝、跟踪、列车控制、自动运行调整、数据输入、报警及处理、进入/退出处理、列车和轨旁ATC状态请求、诊断信息请求等。

对于重要的命令采用命令释放程序，如调度员的命令和确认，进路、保护区段、轨道区段、道岔和信号机的状态，列车位置，时刻表数据库中的时刻表，时刻表偏差，所有 ATS 功能的错误信息，及记录功能中的运营信息和错误信息。

调度员可通过控制中心 ATS 控制联锁设备。借助于显示器上的对话框和鼠标来输入指令，然后送到联锁设备中。可实现如下操作：打开/关闭列车进路模式、打开/关闭联锁区域、指定联锁区域、对单一道岔进行操纵。

车辆段内信号机由车辆段信号楼控制，出段信号机由 ATS 系统自动控制。段内调车作业能自动追踪，并能与 ATS 控制中心交换信息。

操作授权决定调度员可以使用哪些命令和可以访问哪些信息。调度员操作授权由系统管理员决定，并且通过登录过程完成。

线路现状通过 MMI 以图形方式实时地向调度员显示。全线概况显示由 ATS 系统控制，显示的信息包括列车的位置和进路状况、车站名和站台结构、保护区段、轨道区段、道岔和信号机的状态以及所有 ATC 系统状态、报警信息。信息类型与显示详细程度由调度员控制。缩放功能允许从全景显示缩放到单个要素的显示。

MMI 可显示调度员对话框和基本视窗。所有的功能、线路的总体和详细情况都可以在基本视窗上进行选择。以下功能可通过基本视窗进行选择：系统的总体概况；对话，例如用于系统登录/退出，或者调度员控制；信息功能，例如操作日志或者用户的登记。系统概况显示出各种硬件设备及其状况，能很快查找出损坏的设备。

列车识别号总体显示表示每一列车的列车识别号。

详细情况显示是详细地表示出一些较小的区域，用于控制决策以及用于监督特定列车或功能，如线路地形、列车识别号以及道岔编号、信号机编号和详细报警。

6. 记录

按顺序和类别存档从其他 ATS 功能得到的信息，例如操作信息和错误信息。能通过 MMI 功能检查记录。记录序列存放在工作站上，必要时能够回放。收到的操作和错误信息按事件和起因（联锁功能、ATS 功能、操作系统或联锁命令）分类。每个信息的文本和类别按时间顺序储存在操作记录上。

记录和回放功能允许工作站显示在监视器上的事件。记录和回放功能只在控制中心的调度员工作站上有效，并在这些工作站的监视器上显示。

7. 列车运行图显示

列车运行图在线路—时间坐标上显示。横坐标是线路轴，纵坐标是时间轴。线路上的车站按次序描绘在线路轴上。在计划运行图中，显示预定的到站和离站时间。在实迹运行图中显示当天计划运行图，以及该运行图及与时刻表的偏差。实迹运行图与相应计划运行图用不同的颜色对比显示。

各种运行图的每一运行线上，都标示了线路标志和列车行程号。时刻表偏差显示在相应列车的运行线边，该偏差表示相应列车通过该车站的发车时间偏差。

通过列车运行图显示功能可执行下列操作：设置运行图颜色、放大部分运行图、调出时刻表、调出当前运行图。

8. 培训/演示

培训/演示系统能完整测试 ATC 系统全线的列车运行调整和列车跟踪功能的有效性，以及验证特定时刻表的有效性。模拟功能是交互式的，允许调度员输入。培训/演示系统具有两种供学员选择的模式：一是列车运行模式，在该模式下学员可以通过选择某一联锁区，在显示器上观察该区的工作情况，作为初步培训；另一模式为指令模式，在该模式下学员可进行各种命令输入，并能通过显示器动态地给出命令响应，如果命令错误，自动给出提示。由此可对学员进行实际操作的培训。

(1)培训/演示系统的组成

培训/演示系统包括有一个模拟 MMI(DS)和一个模拟 PC(S-PC)。

DS 是供学员学习的，在培训和演示系统中模拟 ATS 部分，包括了 ADM(系统管理服务器)、COM(通信服务器)和 MMI 功能。DS 为一个工作站，带有两台监视器和一台用于打印操作日记和报警表格的打印机。该工作站能执行多达 20 列列车的 ADM/COM 和 MMI 的功能。其操作系统、ATS 软件模块以及应用数据通常都与 ATS 系统一样。

S-PC 供教师工作，是一个标准的 PC，在培训和演示系统中模拟外部设备和处理过程。该 PC 机的性能足以保证能模拟要求的行车间隔内的 20 列列车。

S-PC 和 DS 通过以太网连接。

(2)DS

在 DS 上只有模拟必须的 ADM、COM 和 MMI 功能。模拟系统无冗余。学员需用相应的用户名才能进入 DS。MMI 功能是否全部、部分或根本就不对学员开放，就取决于这一用户名。DS 上必要的 ADM 功能都对学员开放。

COM 中用于模拟目的的功能，在 DS 上开放，包括：列车时刻表比较、列车自动调整、自动办理进路、列车监视和追踪、时刻表管理(但不得对时刻表进行修改)。COM 中的以下功能不在 DS 上开放：PIIS(乘客信息显示)、DTI(发车计时器)、BAS(环境与设备监控系统)、FAS(火灾自动报警系统)、车辆段联锁接口、TEL(通话)。

概况显示在 MMI 上的模拟模式下可以全部实现，设备显示包括轨道、列车号、细部以及系统概况。

在模拟模式下学员完全可以实现以下对话：变更责任（全部功能）、记录、变更工作站、联锁对话、列车移动监视、列车自动调整对话。在模拟模式下学员不具备以下对话：车辆段服务对话、时刻表编辑器、列车运行图显示、记录和回放。

（3）S-PC

S-PC模拟全部有关联锁功能、外部设备、ATP功能、ATO功能、列车运行。S-PC具有图像操作界面，装有用户化的线路平面。与MMI一样，S-PC显示线路平面，包括联锁元件以及列车车次。DS和S-PC的显示因为模拟的局限与实际设备的状态可能不相同，联锁元件的显示也会按实际情况的变化而变化。这样，教师就可在S-PC上设置轨道区段是空闲或占用，进路是否已办理完毕等。

S-PC模拟每一个相关的联锁元件（轨道区段、信号机、道岔）的功能，若有状况变化，则将其用报文形式传送到DS。模拟联锁元件后，还模拟相关的联锁功能，实时模拟办理进路，ARS（自动办理进路）的开/关以及从当地控制转到遥控。

S-PC全部模拟PTI（列车识别系统）功能。当列车进入或离开车站时或停在车站时，S-PC将PTI报文（到达、停车和出发报文）发送给DS。对于那些在车站区域以外的PTI，S-PC将在列车通过PTI时就产生一个通过报文。

S-PC还生成RTU（远程终端单元）的生存标志。

除了LCP（局部控制盘）指示灯不模拟外，“扣车”和“放行”以及远程LCP“扣车”、“放行”和“跳站”等均被模拟。

DTI的功能是部分模拟。如果列车在车站停车，那么S-PC在停留时间过后，就自动解除停车点的命令，以使列车离开车站。

ATS与ATP功能有关的只有“运营停车点的办理和解除”以及车站内紧急停车和反向命令等。因此S-PC不模拟其他ATP的功能。

ATS与ATO功能有关的仅有“惰行/巡航”和给出的列车识别号。因此，S-PC不模拟其他ATO的功能。

模拟列车运行，如果ATR被关闭，那么列车则以在S-PC中规定的某一速度走行。

五、ATS系统运行

1. ATS正常运行

ATS系统的正常运行，在大部分情况下是自动进行的，无需调度员干预。车站ATS分机可存储管辖范围内的当日运行时刻表，中心一般仅为监视，而由ATS进行列车运行的自动控制。

车站的ATS处理器通过从信号系统收到的轨道区段占用信息，监视列车运行情况，据此为列车办理进路。

ATS分机可以对列车驾驶曲线作细微调整，以遵守时刻表规定的出发时间。停站时间可以调整，ATO滑行开关控制参数可以修改。调度员工作站对时刻表所作的其他修改内容也将传达给ATS分机，并用来确定新的出发时间。

当列车接近某个ATS分机的控制区边界时，该分机就将列车信息传给同一条线上的下一个ATS分机，下一个ATS分机就可以为列车办理所需的进路。

ATS分机将有关其控制区内的列车和信号设备（轨道、道岔、信号机等）的信息传给OCC中的ATS设备，这些信息在工作站的屏幕上显示，供调度员监控，并在显示盘上显示整个线路的情况。如果正常的自动运行发生问题（例如要求的进路无法设定）时，ATS分机向OCC发出报警信号，要求调度员的人为干预。

调度员也可以根据需要，脱离系统的自动运行，而ATS能提供对列车分配、进路办理和道岔转换的全面人工控制。

车辆段内的ATS设备没有自动运行模式。

2. 列车调度

ATS系统用列车时刻表自动地和人工地调度列车。在培训/演示工作站上生成时刻表并下载到ATS服务器上。由系统维护4类时刻表：日常、周六、周日、假日和特殊时刻表。在同一时间只使用一种时刻表。在每晚的预定时间，系统设定次日的时刻表。在设定前，调度员有权选择为次日建立的时刻表类型。如果没有选择，系统将自动地选择相应的符合本周本日的时刻表类型。

时刻表由每列列车的调度数据构成。列车调度数据包括：列车标识号、转换区和终端区的出发时间、车站到达和出发时间、每列车的起始站和终点站。

系统提供应用程序以在培训/演示工作站上生成和更新时刻表。该应用程序是菜单驱动的，并且不要求繁杂的原始数据编辑。一旦生成时刻表，它可方便地直接下载到在线系统或被存储。

系统按“待用的”“现役的”或“停用的”来标识计划列车。待用列车是正等待自动或人工将其插入系统中去的列车。现役列车是指一列正在被系统跟踪和生成历史信息的列车。当一列车到达其目的地或从系统中将其人工撤销时，则该列车被认为是停用的。可用两种方法将一列停用的列车再次插入系统：第一种，可以修改列车的进入时间，使列车标识号再次插入某车站的序列窗中，该列车再次成为待用的；第二种，指定车站直接将列车插入系统，使列车成为现役的。

调度员接口包括用鼠标/键盘移动、插入、交换和撤除列车跟踪标识号的功能。

"插入列车"功能将引入一列计划或非计划列车进入系统并在指定的轨道区段上方显示列车的标识号。"撤除列车"功能从系统中撤销早先进入的列车标识号,并取消显示。"移动列车"功能将一列计划或非计划列车的标识号从一个显示位置移到另一个位置。"交换列车"功能用于交换两个列车标识号的位置。还包括由调度员编辑列车出发数据、到达时间和目的地标识号的功能。

ATS系统从转换区和终端区以及车站之间的正线上调度和跟踪列车。基于当前的预存时刻表,给被检出的列车配上一个标识号。在计划出发后的规定时间内,若一列车没有出清联锁区,则向调度员发出报警。在每个车站,随后的三列计划列车将在车站值班员的显示器上显示。系统调度和跟踪进出车辆段的列车。ATS系统将实际的标识号与时刻表中的列车标识号相比较。如果它们相同,系统为列车设定一条进路进入下一车站。如果不同,系统将产生一条报警。

在列车计划出发前的一个指定时间内,列车没有到达转换区或终端区,将引发值班员控制台上的一条报警。

列车要出发时,ATS系统通过列车出发指示器发送一个指示给司机。

3. 列车控制

ATS系统以自动控制模式或人工控制模式来控制和调整列车。系统根据从本地接收到的轨道表示信息连续地跟踪列车,并在工作站显示器上的轨道图上显示每列车的位置。在与相关的地方显示列车标识号。列车标识号自动跟随轨道表示显示变化。利用这种方式,在整个范围内可监督列车的运行。在运营中系统维持每一列车的跟踪记录:包括列车在每个车站的到达和出发,实际走行时间、计划走行时间和实际与计划走行时间的差值。通过列车进入跟踪时所派给它的列车识别号可以找出列车记录。

系统提供一组控制功能,用这些功能调度员能人工指挥其控制区域的列车。这些功能包括启动道岔、设置进路、取消进路和关闭信号。"进路设定"功能将发送控制命令给车站,来排列和开通一条进站或出站进路。"启动道岔"功能发送控制命令给车站以转动道岔。"关闭信号"功能发送控制命令给车站,取消已开放的信号。

4. 运行图/时刻表调整

每个集中控制站ATS与控制中心ATS相连,将运行图和时刻表的调整信息传给列车。运行图调整由控制中心确定,保证列车正点到达下一个车站所需要的运行图。有6个运行等级加上滑行模式可供选择。典型的调整是改变运行等级,包括设置最大速度和加速度。启动滑行模式也可影响运行时间。控制中心将运行图调整信息传到轨旁ATS再传到列车。时刻表储存在集中控制站ATS中,必要时也可从控制中心获得。只能选择一个时刻表。

发生控制中心离线时,指定的集中控制站使用缺省的时刻表来进行列车调度。缺省的时刻表可由本地编程或由控制中心控制。

5. 目的地/进路控制

列车进路在正常情况是通过车地通信系统的进路申请建立的,该申请受控制中心的监督。如果控制中心同意进路申请,进路就可执行。调度员只有在异常条件下才会干涉。控制中心能拒绝任何进路申请。在异常情况下或者存在不同的进路要求时,控制中心将干涉。如果申请的进路不满足控制中心的要求,控制中心将发出报警并将进路置为手动。

轨旁设备可从控制中心、车站 ATS、接近轨道电路接收进路申请。

在有车地通信环线的任何集中控制站,车站 ATS 都能通过轨旁车地通信模块询问列车的目的地编号。车站 ATS 在时刻表中查找列车车次号,向联锁设备发送进路申请,由联锁设备建立进路。车站 ATS 也向控制中心传送进路信息。如果控制中心同意进路申请,列车就可以在完成停站时间后离开车站。如果控制中心离线并且车地通信申请的进路有效,则进路不需批准即可执行。如果控制中心离线而车地通信申请的进路无效,则进路不会执行。

6. 自动排列进路

在中央自动模式(CA)中,系统根据当前时刻表自动地请求排列进路。通过使用时刻表和由系统采集的实际列车数据(实际到达/出发时间和实际到达/出发进路)检测冲突,提议解决的方法,以有效和及时的方式自动设置进路。

只有当列车和车站的控制模式都设在 CA 模式时,才能自动为列车排列进路。系统提供修改列车和车站控制级别的功能。"设定车站控制级别"功能请求设定本地、人工或自动控制等级。"设定列车控制级别"功能将一单独的计划列车的控制等级设为自动或人工。

"自动提议"功能能确定列车冲突,然后提出可能解决的办法。当停站列车离站时,"自动提议"功能可被人工或自动触发。所提议的解决办法提供调度员确认。

7. 历史数据记录

系统采集所有列车、车站信息和出现的报警,以编辑一份完整的系统运行历史。所记录的列车数据包括:计划和实际到达时间、计划和实际出发时间、计算的计划偏差。

系统记录所有动作,诸如轨道区段占用、信号机和道岔的状态、进路设定和解锁数据以及列车运行等。所有采集到的信息都可以用文字的或图形的格式在线查看。

由系统采集来的全部数据被储存在磁盘上最少 72 h(这个缺省值可由调度员或系统管理员联机调整)。还可以使数据从系统删除之前,自动进入磁盘备用。系统不能自动地从磁盘中再次调用数据。

8. 其他支持功能

(1)模拟

能模拟响应调度员控制和系统发生事件时中央 ATC 系统的表示。列车运行、轨旁表示都被精确地模拟,以便能对列车时刻表和算法进行测试。

(2)调试

调试功能给用户提供软件系统内部作业的接口,允许输入和扫描内部信息。

(3)重放

重放功能提供启动重放和执行交互重放功能的用户接口。重放功能允许请求、检查和控制一段重放时间。

(4)构成常备时刻表

该功能给用户提供了生成新时刻表、编辑已有时刻表和修改日历数据的接口,控制中心 ATS 系统用日历数据自动选择时刻表。

六、故障模式运行

1. 控制中心工作处理器故障

工作处理器若发生故障,自动开关就会探测到,然后把控制权转交给备用处理器,备用处理器即成为工作处理器。

2. 控制中心设备全面失灵

如果控制中心设备全面失灵,系统在车站 ATS 指挥下继续运行,基本上就是这种能力的延伸。车站 ATS 在硬盘上存储有 7 天的时刻表信息,每个车站 ATS 将继续按照当前的时刻表,自动设定路线。

车辆段控制器可以独立于控制中心,将出站列车信息传给相邻的车站 ATS,指定一列列车投入运行,由车站 ATS 指挥它在正线上行驶。

当控制中心系统恢复后,每个车站 ATS 将把其当前状态的信息送给控制中心,恢复监视、控制整个系统的能力。

3. 车站 ATS 处理器失灵

车站 ATS 的工作处理器失灵后,被自动开关探测到,就会把控制权转交给备用处理器。

一个车站 ATS 中的两个处理器都有一个专用的联锁接口连通本地信号系统。当失灵的处理器重新启动后,它可以获得该区所有的信号信息,包括已占用轨道电路。

第五节 基于轨道电路的 ATC 系统

基于轨道电路的 ATC 系统是依靠轨道电路传递行车信息，进行车地通信，进而完成 ATC 功能的。

一、速度码系统和距离码系统

用于城市轨道交通的音频轨道电路有模拟轨道电路和数字轨道电路两种。采用模拟轨道电路的构成速度码系统；采用数字轨道电路的构成距离码系统。不论是速度码系统还是距离码系统，其轨道电路都被用作双重通道：当轨道电路区段空闲时，轨道电路发送检测信号；当列车驶入轨道电路区段，立即转发速度信号。

1. 速度码系统

速度码系统通常使用频分制方法，采用的是移频轨道电路。即用不同的频率来代表不同的允许速度。由控制中心通过信息传输媒体将列车最大允许速度直接传至车上，这类制式在信息传递与车上信息处理方面比较简单，速度分级是阶梯式的。它是早期的产品，只能构成固定闭塞。因为存在运行及效率方面的问题，早已停止发展。

2. 距离码系统

距离码系统采用数字编码音频轨道电路。从地面通过轨道电路传至车上的是前方目标点的距离等一系列基本数据，车载计算机根据地面传至车上的各种信息以及储存在车载单元内的列车自身的固有数据，实时计算出允许速度曲线，并按此曲线对列车的实际运行速度进行监控。

距离码系统的速度监控是实时、无级的，可以构成准移动闭塞，有效地实现平稳驾驶与节能运行以及较高的行车效率。

图 4-14 表示用数字编码轨道电路实现连续式列车速度监控的系统概况。当列车进入该轨道区段时，转换继电器落下，一方面向联锁装置给出有车占用的表示，另一方面由转换继电器接通列车速度控制系统的发码装置，通过轨道电路的发送电路将有关列车控制的地面信息送上轨面，由位于列车最前部的车载天线接收。当列车驶离该轨道区段时，转换继电器吸起，轨道电路发送轨道检测码，使轨道继电器吸起。

当列车进入轨道区段时，轨道电路以频移键控方式向车载设备传送信息。该信息是以按协议约定的报文电码形式传送。

通常，信息码包括以下内容：

(1)车站停车点(用以构成列车停站后开启车门的一个条件)；

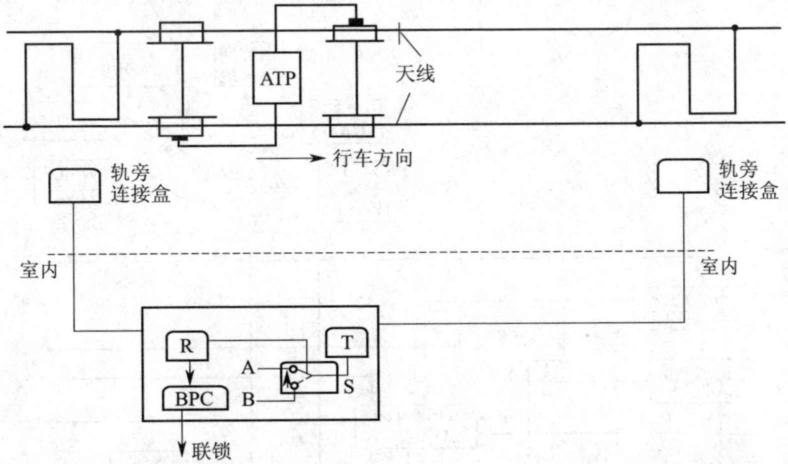

图 4-14　用数字编码轨道电路实现列车速度监控的原理示意图

R—接收；T—发送；BPC—比特一致校核；A—轨道电路发码；B—ATP 信息发码；S—转换继电器

(2)列车运行方向；

(3)开启哪一侧的车门(即车站站台的位置,左侧或右侧)；

(4)下一段轨道电路的入口允许速度；

(5)区间最大速度(取决于线路状态)；

(6)下一段轨道电路区段的坡度；

(7)至限速区间起始点的距离(指列车所在轨道电路区段的始点至限速区间起始点的距离)；

(8)限速区间的允许速度；

(9)目标距离(指列车所在轨道电路区段的起始点至目标点的距离)；

(10)目标速度(目标点的允许速度,如目标点为停车点,则目标速度为零)；

(11)ATP 系统的开始与结束；

(12)列车所在轨道电路的编号确认；

(13)列车所在轨道电路的长度；

(14)下一段轨道电路的编号；

(15)下一段轨道电路的载频频率(用于车载设备预调谐)。

二、基于轨道电路的 ATC 系统举例

曾经有多种制式的基于轨道电路的 ATC 系统在我国城市轨道交通中运用，现以 ALSTOM 的 ATC 系统为例。

1. ALSTOM ATC 的总体结构

ALSTOM ATC 系统总体结构如图 4-15 所示。

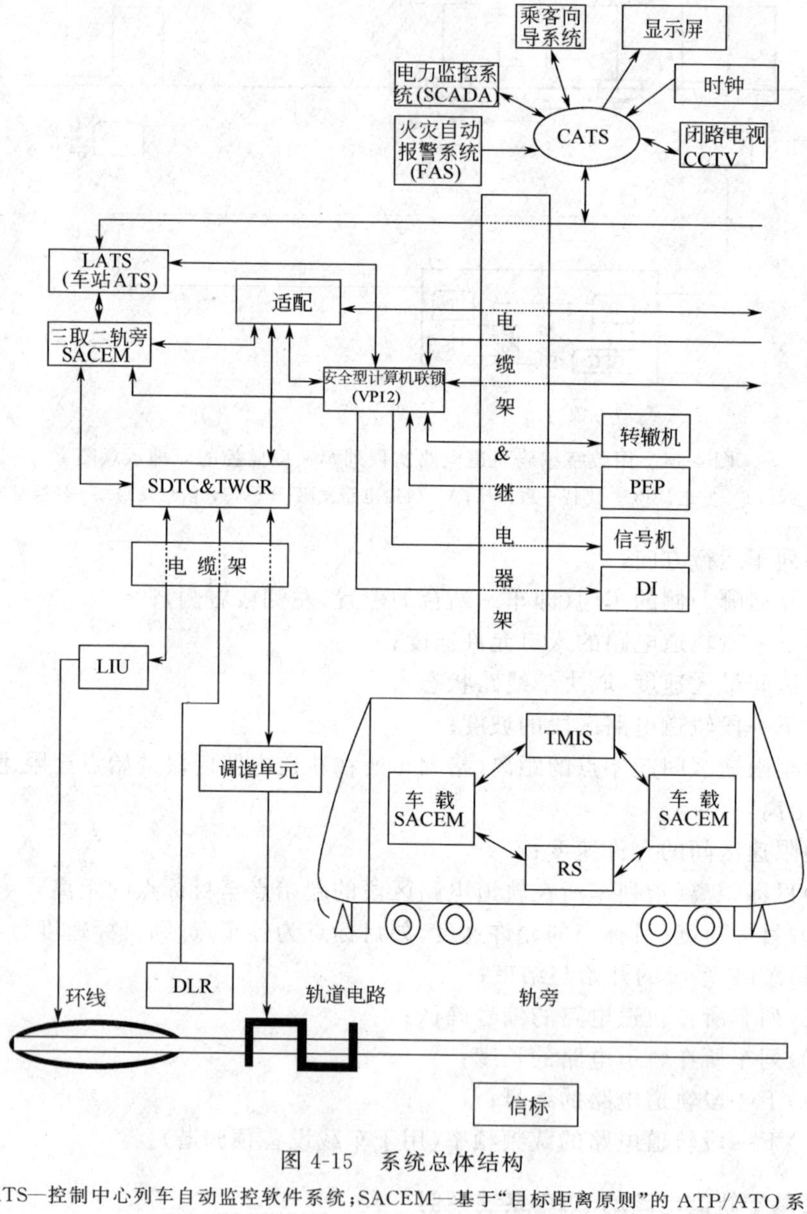

图 4-15 系统总体结构

CATS—控制中心列车自动监控软件系统；SACEM—基于"目标距离原则"的 ATP/ATO 系统；SDTC&TWCR—数字轨道电路或 TWC 架；LIU——传输可愈环；TMIS—列车信息管理系统；RS—车辆控制系统；DLR—TWC 信标；PEP—站台紧急按钮；DI—发车表示器

ATC 系统由室内设备、室外设备、车载设备及 OCC 设备组成。

(1)控制中心 ATS:进行中央监督和时刻表管理。

(2)车站 ATS:进行车站状态的监督和与控制中心 ATS 接口。

(3)VPI2:实现进路联锁。

(4)SACEM (ATP/ATO 系统):执行列车自动运行和列车自动防护。

(5)数字轨道电路(DTC):进行列车检测和地对车的传输。

(6)点式传输信标系统:进行现场传输和轨道到列车的传输。

(7)室外信号设备:主要有信号机和转辙机。

2. ATC 系统基本配置

一条线路划分为若干个 SECTOR 区。每个 SECTOR 区包括 2～4 个车站以及相关的站间轨道电路。车站按设备设置分为主设备站、CBI(计算机联锁)站和无岔站三种。

(1)主设备站

主要的信号设备集中在 SECTOR 区的车站,这些车站称为主设备站(MES)。一个 MES 包括轨道电路机架、VPI2 机架、SECTOR 设备以及车站 ATS 设备。还有信号机、转辙机、发车表示器 DI 和站台紧急按钮 PEP。

(2)CBI 站

有联锁设备和车站 ATS 的车站称为 CBI 站。一个 CBI 车站包括轨道电路机架、VPI2 机架和车站 ATS 设备,还有信号机、转辙机、DI 和 PEP。

在每个 CBI 站以及 MES 设有防雷架,用来保护轨道设备。

(3)无岔站

没有道岔的车站称为无岔站。无岔站只有 DI 和 PEP,它们由控制无岔站的联锁设备远程控制,没有其他信号设备。

3. 主要设备

(1)控制中心 ATS

控制中心 ATS 提供线路管理所需要的所有功能。主要有:线路监督(包括列车跟踪、定义任务和相应的时刻表)、自动和人工排列进路、运行管理、报警管理、统计。

控制中心设有中央 ATS 设备,还包括中央冗余 ATS 应用服务器(热冗余)、前端处理机(热冗余)、工作站(2 个调度员工作站、1 个主调度员工作站、1 个维护/ 工程工作站、1 个培训工作站)、全线视频显示屏、打印机以及必要的通信设备。

应用服务器、前端处理器、工作站和视频显示器通过双以太局域网(TCP/IP)交换数据。应用服务器执行控制中心 ATS 功能的处理。前端处理器执行与外部系统之间的通信,与车站 ATS 的通信以及与车辆段 ATS 的通信。

控制中心ATS与车站ATS通信以获得所有的数据信息，并把选定的调度员命令发送给信号设备。

ATS监督属于ATS配置下的工作站（OCC、主设备站、CBI站）的状态、控制中心ATS应用服务器和ATS前端处理器的状态、每个车站ATS应用服务器和前端处理器的状态、车辆段ATS前端处理器的状态、与外部系统的链接。这些状态显示在控制中心的调度员工作站上（以报警和/或图形符号的形式）。

视频显示屏显示整个线路的视图，显示屏上显示的设备状况与运行显示器上显示的一样，不能在显示屏上进行任何控制。在显示屏上主要显示：轨道电路、道岔、进路、信号机、站台紧急按钮、列车确认号、接触网状况、火灾报警。

（2）车站ATS

车站ATS的主要功能是：信号人工控制、自动排列进路、报警管理。

车站ATS是建立在分散的处理器上的，它为其他信号子系统（SACEM、VPI2）与控制中心ATS接口提供了一个非常高的可用性。

每个CBI站和主设备站均设有一个冗余的车站ATS应用服务器和前端处理机服务器、一个车站值班员工作站和必需的通信设备。车站ATS应用服务器、前端处理机服务器、值班员工作站通过双以太局域网（TCP/IP）交换数据。

车站ATS服务器通过冗余的串行线与计算机联锁、轨旁SACEM设备相连。

每个车站ATS与本站的联锁设备和中央ATS进行通信。主要设备车站ATS系统同SACEM的SECTOR通信。所交换的数据包括进路管理、运行控制所需要的信息和轨旁设备的状态信息和维修数据。

（3）车辆段ATS

车辆段ATS包括：一个非冗余的前端处理器（FEP）和两个操作员工作站。

FEP完成本地功能的处理，并且完成与外部系统的通信以及与中央ATS的通信。

操作员工作站是信息获得和显示设备。

（4）SACEM

SACEM系统是基于“目标距离原则”的ATP/ATO系统，是建立在分布在线路上的轨旁计算机和车载计算机基础上的。每个轨旁计算机控制线路上一个区域内的列车，一个区域包括一个或几个车站。这个区域称之为一个SACEM区。为了保证连续控制列车，相邻SACEM区的计算机也不断地交换信息。

轨旁 SACEM 系统管理相关的安全功能(ATP)和运行功能(ATO):与联锁的接口,轨道描述和数据描述的安全信息,精确调整、主动的列车识别。

①轨旁 SACEM 设备

轨旁 SACEM 设备放置在主设备站的信号设备室中,称为 SECTOR 设备。它的作用相当于一个邮箱。它从联锁设备接收轨道状态(道岔、信号机和轨道电路)信息和站台紧急按钮信息,从 ATS 接收运行调整命令。它发送给列车的信息包括:按照进路地形图原理的轨道描述和轨道状态信息、从 ATS 接收到的运行调整命令、临时限速信息。

它执行数据登录和维修数据,并将这些数据发送给 ATS。它从列车接收维修数据和 PTI 信息,并将它们发送给 ATS。

它向相邻的 SECTOR 设备传送已发送给列车的有关信息。

②车载 SACEM

车载 SACEM 确保下列功能:列车定位,基于安全里程计加上轨旁信标;紧急制动控制,决定防护区域,并采取安全措施防止任何情况的危害。

每个驾驶室中都安装有一套 SACEM 车载设备,并与它的外围设备、天线、接收线圈以及编码里程计相连。车载 SACEM 设备通过接收线圈接收来自轨旁 SACEM 设备的信息。所接收的信息包括:进路地图、轨道状态、临时限速、运营调整指令。这些信息使得列车能够计算出前方下一个停车点,或者由于某些原因前方存在一列车或 PEP 启动;授权开门;提供列车自动运行、车站内精确停车、列车识别、开门/关门命令、发车命令、事件记录和维修监督功能。车载 SACEM 设备向轨旁设备 SACEM 发送维修数据和 PTI 信息。SACEM 车载设备与车载控制台相链接,以选取驾驶模式并通知司机,并将速度限制和实际速度在显示单元 DDU 上显示给司机,并采集来自司机的信息。

车载计算机通过信标和它们之间的位移测量,能使列车在轨道上定位。

ATP 系统控制紧急制动,它能够决定防护的位置,并且采取安全措施以防止当时情况下的任何危险。

ATO 系统控制列车,生成列车牵引和制动命令。

TDMS 系统完成数据记录、维修数据和 TIMS(列车信息管理系统)接口。

(5)数字轨道电路 DTC

数字轨道电路用来确保列车检测和地对车的通信(在轨旁 SACEM 设备和列车之间连续不断地通信)。它实现安全性列车占用检查和断轨检测功能。

连续的地对车的通信提供给列车安全的编码信息,这些编码描述了轨道信息以及道岔、信号机的状态、闭塞区间的信息。还为 ATO 传送非安全信息。

数字轨道电路与轨旁 SACEM 设备接口,以实现地对车的通信;它与 VPI2 设备接口,以实现列车占用检测以及地对车通信的通信方向。

DTC 机架位于车站的信号设备室。室外设备有调谐单元及与其相连的 S 棒及箱盒。

(6)点式传输的信标系统

信标系统确保从车载到轨旁 SACEM 的通信,接收来自列车的维修数据和 PTI 信息。当列车行驶过信标,所收到的信息由相应的 SECTOR 接收。

当列车越过或停在信标上方时,特殊信标(称之为“初始化信标”)记录列车初始化车载 SACEM 的位置。初始化结束后,列车的位置信息将由编码里程计测量位移来更新。在任何情况下,列车必须不时地重新定位,这是在列车驶过重定位信标时实现的。这些信标采用的是 EUROBALISE 类型的信标。

列车对轨道的传输使用 EUROBALISE 向下链接信标(TWC 信标)。列车通过信标时,TWC 信标接收的信息由相应的 SACEM 轨旁设备收集。它接收来自列车的维修数据和 PTI 信息。

①静态列车初始化信标(STIB)

STIB 位于线路中间,长 4 m,黄色,位于每个站台的头部和折返信号机前方。STIB 信标主要用来对车载 SACEM 系统进行初始化。

②重定位信标(RB)

RB 位于线路中间,长 53 cm,黄色,站台和区间都有。RB 信标主要为车载 SACEM 系统进行定位所用。

③移动列车初始化信标(MTIB)

MTIB 由两个 RB 组成,相隔 21 m,只有区间有(一个区间一个)。MTIB 信标有 3 个作用:对车载 SACEM 系统进行初始化、列车定位、校准编码里程器。

(7)轨旁信号设备

轨旁信号设备还有阻抗棒、继电器、信号机、转辙机、发车表示器和站台紧急按钮,以及电源分配架、继电器架、分线盘和室外电缆等。

第六节 CBTC 系统

CBTC 系统是新型的 ATC 系统,包括采用感应环线和无线通信的 CBTC 系统,尤其是后者在我国城市轨道交通中得到最广泛的应用。

一、CBTC 的基本概念

CBTC(Communications Based Train Control,简称 CBTC)系统是基于通信

的列车控制系统，它采用感应通信或无线通信技术，实现了车—地间双向、大容量的信息传输，构成新型列车控制系统，是实现移动闭塞制式的最佳技术手段。

CBTC 综合利用 3C[计算机技术(Computer)、通信技术(Communication)和控制技术(Control)]技术代替轨道电路技术，在真正意义上实现了列车运行的闭环控制。采用感应通信或无线通信可以达到连续通信的目的，能提供连续的列车安全间隔保证和超速防护，在列车控制中具有更好的精确性和更大的灵活性，并能更快地检测到故障点。而且，移动闭塞可以尽可能缩小列车运行间隔，提高行车密度。

CBTC 系统的基本特点是列车与地面之间有各种类型的无线双向通信。

CBTC 系统的使用代表着目前世界上列车运行控制系统的发展趋势，是近年来国际、国内城市轨道交通领域推广采用的一种闭塞方式。它摆脱了用轨道电路判别列车对闭塞分区占用与否，突破了固定(或准移动)闭塞的局限性。较以往系统具有更大的优越性，具体体现如下：

(1)实现列车与轨旁设备实时双向通信且信息量大。

(2)可减少轨旁设备，便于维修，有利于紧急状态下利用线路作为人员疏散的通道，有利于降低系统的运营成本。

(3)便于缩短列车编组、高密度运行，可以缩短站台长度和端站尾轨长度，提高服务质量，降低土建工程投资；实现线路列车双向运行而不增加地面设备，有利于线路故障或特殊需要时的反向运行控制。

(4)可适应各种类型、各种车速的列车，基本克服了准移动闭塞和固定闭塞系统地对车信息跳变的缺点，提高了列车运行的平稳性，增加了乘客的舒适度。

(5)可以实现节能控制、优化列车运行统计处理、缩短运行时分等多目标控制。

(6)移动闭塞系统，尤其是采用高速数据传输方式的系统，将带来信息利用的增值和功能的扩展，有利于现代化水平的提高。

(7)确立"信号通过通信"的新理念，使列车与地面紧密结合、整体处理，改变以往车—地相互隔离、以车为主的状态。这意味着车—地通信采用统一协议后，就有可能实现不同线路间不同类型列车的联通联运。对于信号系统而言，主要是指某系统的地面设备可以与另一系统的地面设备互联、系统的车载设备可以与另一系统的地面设备协同工作、同一列车首尾的不同厂家的车载设备可以在同一线路上实施列车运行控制。

(8)由于移动闭塞系统具有很高的实时性和响应性的要求，因此，其对系统的完整性要求高于其他制式的闭塞方式，系统的可靠性也应具有更高要求。

(9)系统传输的可靠性和安全性是系统关注的核心，尤其是利用自由空间波传输信息的基于无线的移动闭塞系统其可靠性和安全性的要求更高。

CBTC 有基于轨间电缆的和基于无线通信的两大类。

二、基于轨间电缆的 CBTC

1. 系统结构

这类 ATC 系统主要由控制中心设备、轨间传输电缆及车载设备组成，如图 4-16 所示。

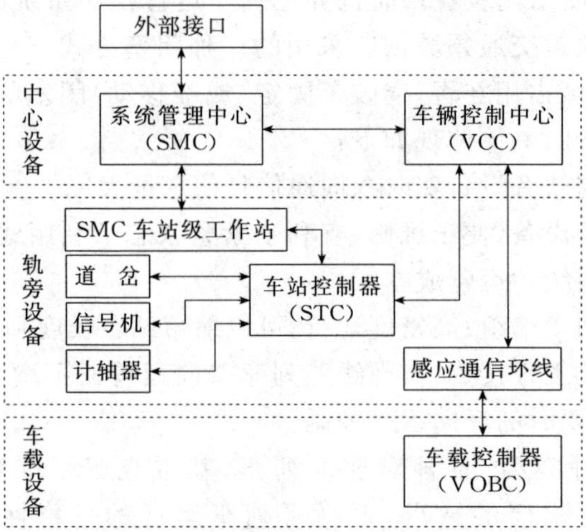

图 4-16 采用轨间电缆的 ATC 系统

该系统的室内、室外设备联系用两级控制方式来实现，即控制中心与若干个沿线设置的中继器相连，一个中继器最多可连接 128 个轨间电缆环路，在控制中心与轨间电缆之间的信息交换将在中继器内进行频率变换、电平变换、功率放大等。

(1)轨间电缆

在这类系统中，轨间电缆是车地之间的唯一信息通道。为了抗牵引电流的干扰以及实现列车定位，轨间电缆每隔一定距离(例如每隔 25 m)作一交叉，如图 4-17 所示。

(2)中继器

中继器结构框图如图 4-18 所示。

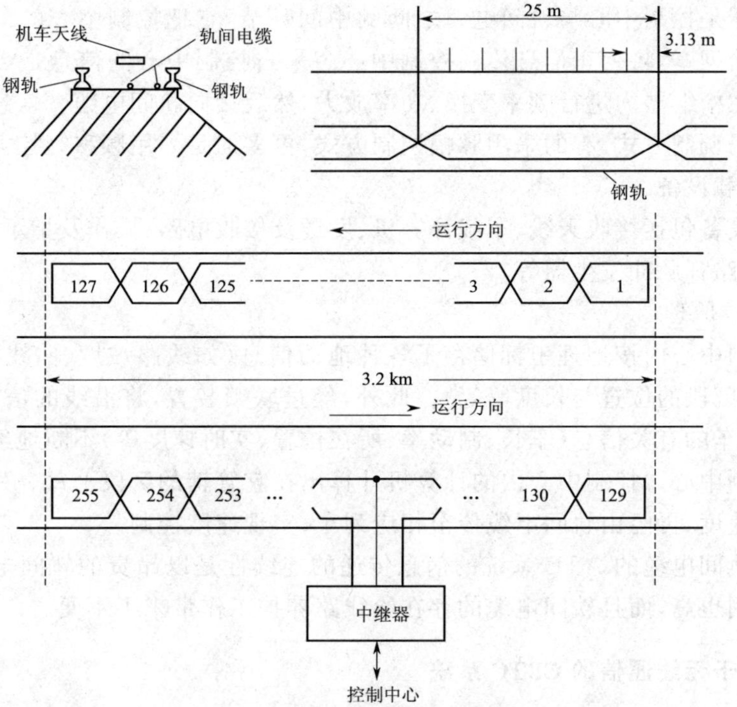

图 4-17　轨间电缆的交叉配置

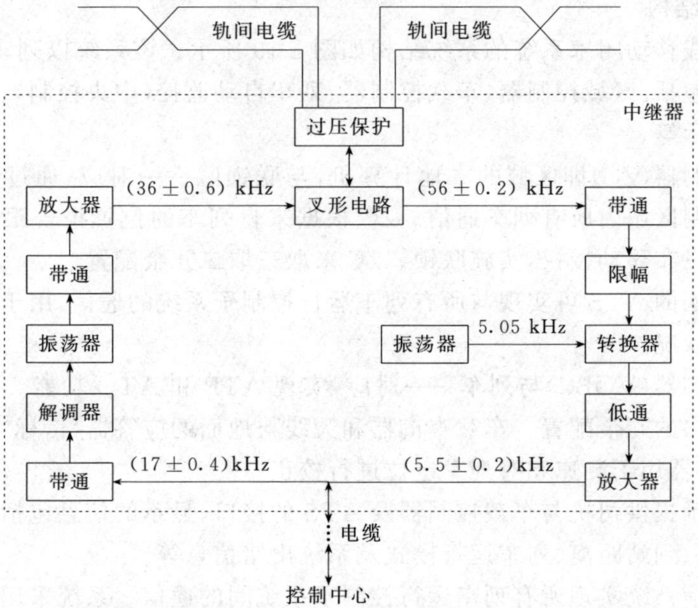

图 4-18　中继器结构框图

中继器是控制中心与轨间电缆之间的中间环节，它把控制中心的命令通过轨间电缆传给列车，将列车信息传到控制中心。来自控制中心的信息是数字频率调制信号。在中继器内进行频率变换、功率放大，然后接向轨间电缆。信息的传输通常采用脉码调制方式，有的采用脉幅调制方式，更多的是采用频移键控方式。

(3)车载设备

车载设备包括接收天线、车载计算机、发送及接收电路、操作及指示盘、与制动机的接口、路程脉冲发生器等。

2. 基本原理

在控制中心内按地理坐标储存了各种地面信息(如线路坡度、曲线半径、道岔位置、缓行区段的位置与长度等等)。此外，经过联锁装置，将沿线的信号显示、道岔位置、列车的有关信息(车长、制动率、所在位置、实时速度等)不断地经由轨间电缆传至控制中心。控制中心内的计算机计算出在它管辖的区段上每一列车当前的最大允许速度，再经由轨间电缆传至相应列车，实现速度控制。

采用轨间电缆的 ATC 系统的信息传递的连续性是以昂贵的轨间电缆为代价的维修费用也高，而且轨间电缆的存在给线路养护工作带来了不便。

三、基于无线通信的 CBTC 系统

目前，我国城市轨道交通多采用基于无线通信的 CBTC。

1. 基本结构

典型无线移动闭塞系统的系统结构如图 4-19 所示。该系统以列车为中心，其主要子系统包括：区域控制器、车载控制器、列车自动监控(中央控制)、数据通信系统和司机显示等。

区域控制器(ZC)即区域的本地计算机，与联锁区一一对应，通过数据通信系统保持与控制区域内所有列车通信。ZC 根据来自列车的位置报告跟踪列车并对区域内列车发布移动授权，实施联锁。ZC 采取三取二冗余配置。

冗余结构的 ATS 可实现与所有列车运行控制子系统的通信，用于传输命令及监督子系统状况。

车载控制器(VOBC)与列车一一对应，实现 ATP 和 ATO 功能。车载控制器也采取三取二的冗余配置。车载查询器和天线与地面的应答器(信标)进行列车定位，测速传感器用于测速和对列车定位进行校正。

司机显示提供司机与车载控制器及 ATS 的接口，显示的信息包括最大允许速度、当前速度、到站距离、列车运行模式及系统出错信息等。

数据通信系统实现所有列车运行控制子系统间的通信。系统采用开放的国际标准。

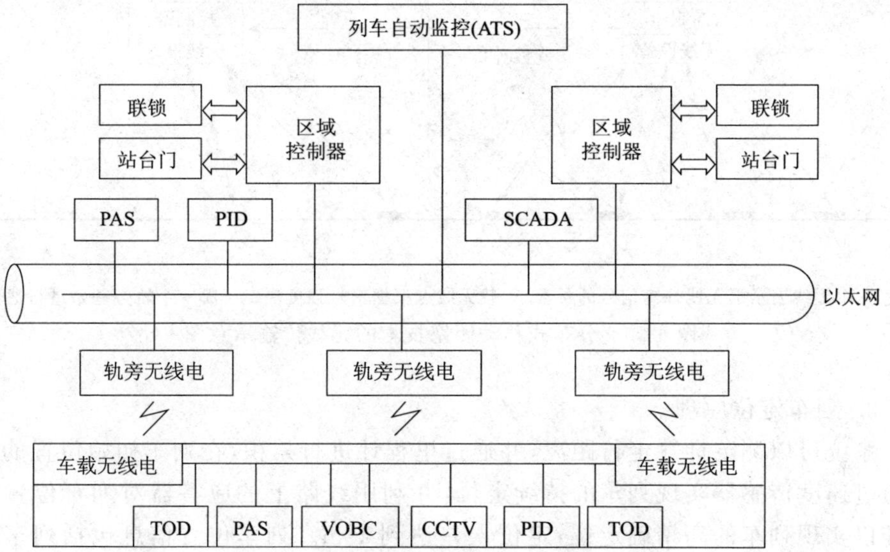

图 4-19　典型无线移动闭塞系统的系统结构

CCTV—闭路电视；PAS—乘客广播系统；PID—乘客向导系统；

SCADA—电力监控系统；TOD—司机显示；VOBC—车载控制器

2. 基本原理

无线 CBTC 系统利用无线通信的方式传输信息。地面编码器生成编码信息，通过天线向车上发送。信号显示控制接口负责检测要发送的信号显示，并从已编程的数据中选出有用数据送编码器，同时选出与限制速度、坡度、距离等有关的轨道数据。编码器用高安全度的代码将这些数据编码，经过调制，馈送至无线通道向列车发送。车上接收设备接收限制速度、坡度、距离后，由车载计算机计算出目标速度，对列车进行监控。用无线通道实现地车数据传输的 ATC 才是真正意义上的移动闭塞。

典型的移动闭塞线路中，线路被划分为若干个区域，每一个区域由一定数量的线路单元组成。区域的组成和划分预先定义，每一个区域均由本地控制器和通信系统控制。本地控制器和区域内的列车及联锁等子系统保持连续的双向通信，控制本区域内的列车运行。列车从一个控制区域进入下一个区域的移交通过相邻区域控制器之间的无线通信实现。当列车到达区域边界，后方控制器将列车到达信息传递给前方控制器，同时命令列车调整其通话频率；前方控制器在接收并确认列车身份后发出公告，移交便告完成。两个相邻的控制区域有一定的重叠，保证了列车移交时无线通信不中断，如图 4-20 所示。

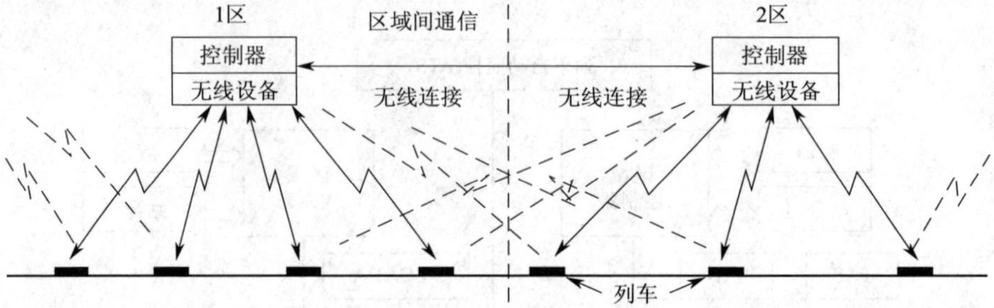

注：图中虚线表示了无线蜂窝信号的重叠，车载无线点根据信号强度决定于哪一个轨旁基站进行通信。

图 4-20 分布式移动闭塞技术的无线传输示意图

3. 列车定位原理

系统可以测定计算走行距离，并通过里程计进行累积，在列车初始位置的基础上通过速度传感器实现列车的持续定位，并利用线路上的应答器对列车位置进行校准以实现列车的高精确定位，定位误差达到 1 m。列车位置信息包括列车两端的位置和方向。列车定位包括初始定位和持续定位两种过程，在持续定位过程中通过不断地进行位置校正以消除里程计的累计误差。

(1)列车初始定位

当无线通信正常时，列车上电即可通过无线测距定位的功能进行一个初步定位，此时列车只要收到一个有效应答器的报文即可准确定位。当无线通信故障时，由于系统采用地面数据库的方式，列车只要收到信号机相连的有源应答器的允许信号编码即可以点式 ATP 模式行车。

(2)无线测距定位

接通车载 ATP 设备电源后就可以通过无线测距获得列车位置，分别使用两端的车载传感器 VRS 与对应的 2 个地面传感器 WRS 进行无线测距。使用从 2 个 WRS 获得的测距结果画 2 个圆，其交叉点判断为车头和车尾的位置，如图 4-21 所示。

一旦确定了 VRS 的初始位置，就可以通过最近的一个 WRS 来进行测距确认 VRS 位置，而不是通过 2 个 WRS 的组合来进行测距。控制器 SC 对 2 个 WRS 发出测距指令是为了保证在其中 1 个 WRS 发生故障时，也可以进行测距判断 VRS 位置。在行驶过程中通过无线测距对 VRS 进行定位，如图 4-22 所示。

SC 选择 VRS 无线电台天线朝向的 2 个 WRS(WRS_1、WRS_2)，对其发出无线测距指令，使用获得的测距值来确定 VRS 位置。SC 通过自身的数据库可以得知 VRS 位置和 WRS 的设置位置，确定其位置关系，并从多个 VRS 位置点中选择出真正的 VRS 位置。

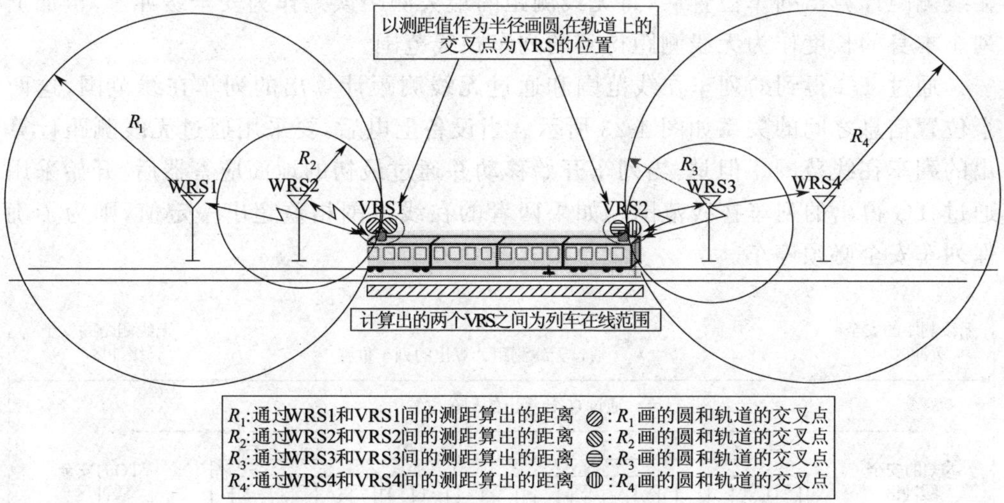

图 4-21　通过无线测距检测列车位置的方法

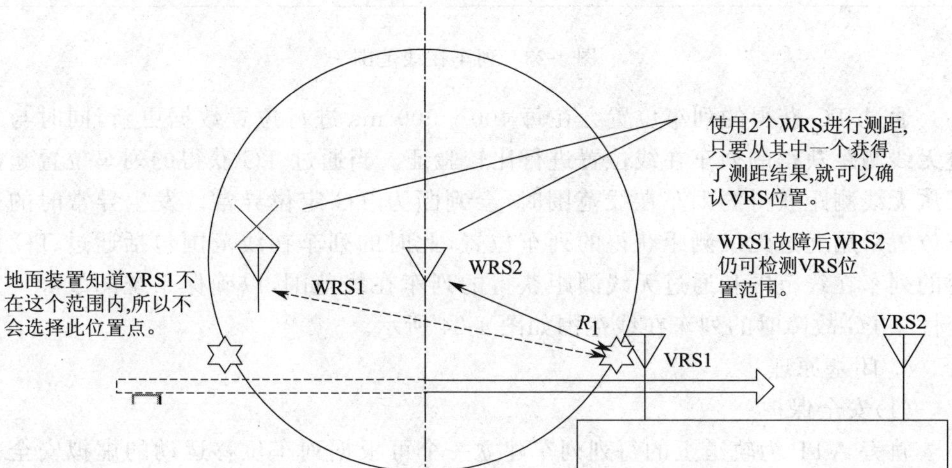

图 4-22　在行驶过程中通过无线测距对 VRS 进行定位

(3)列车持续定位和位置校正

车载 ATP 设备通过累计测速传感器 TG 的脉冲输出,计算出列车的移动距离,进行列车位置的检测,在计算出列车位置后,将设定的 TG 误差作为安全缓冲区,再加上列车本身长度作为通过 TG 测距得到的列车在线范围。同时,系统通过无线测距计算出列车位置后，将无线测距的最大测距误差作为安全缓冲区，再加上列车本身的长度作为无线测距得到的列车在线范围。

通过 TG 得到的列车在线范围和通过无线测距计算出的列车在线范围，这两个位置信息之间的关系如图 4-23 所示。当设备上电后，要采用通过无线测距计算出的列车在线范围。但是，当列车开始移动并通过最初的地面应答器后，开始采用通过 TG 得出的列车在线范围。如果两者的在线范围相差超出一定值，则为了确保列车安全必须停车。

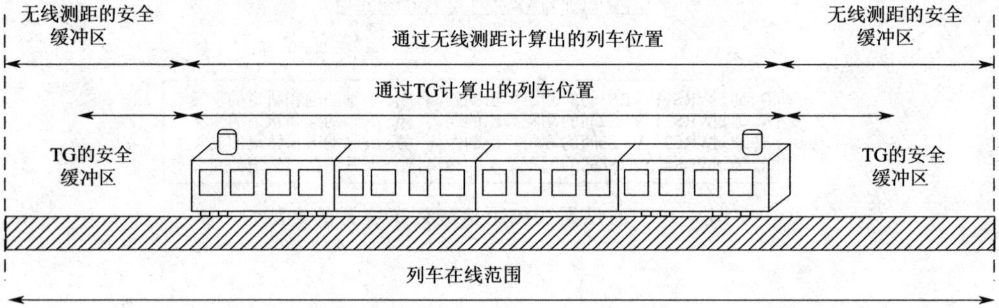

图 4-23　列车在线范围

通过 TG 获得的列车位置会在每 400～500 ms 进行位置数据更新，同时与通过无线测距获得的列车在线位置进行比较验证。当通过 TG 获得的列车位置超出了从无线测距获得的列车在线范围时，会判断为 TG 定位异常。发生异常时的列车位置采用通过无线测距获得的列车位置，此时的列车在线范围包括通过 TG 获得的列车在线范围和通过无线测距获得的列车在线范围，以确保系统的故障—安全性。TG 故障时的列车在线范围如图 4-24 所示。

4. 闭塞原理

(1)安全保护

轨旁 ATP 为轨道上的每列列车建立一个可根据列车位移运动的虚拟安全范围，这种称为自动防护(AP)的安全范围也被称为移动闭塞分区，如图 4-25 所示。一列列车建立一个 AP，其他列车不能进入这个 AP。

ATP 根据无线传输的列车位置信息建立 AP。此信息在位置报告消息中发送，每隔 400 ms 发送一次。主要信息为列车的定位和速度。

(2)列车间隔保护

轨旁 ATP 是负责列车运行间隔的子系统，车载 ATP/ATO 负责根据轨旁 ATP/ATO 给出的安全限制驾驶列车。

由于轨旁 ATP/ATO 为区域内每列列车建立一个 AP，车载 ATP/ATO 知

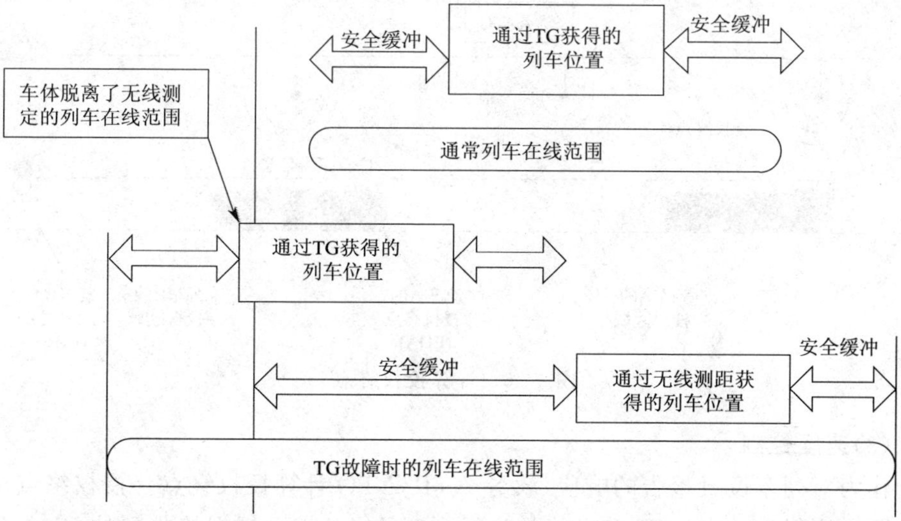

图 4-24 TG 故障时的列车在线范围

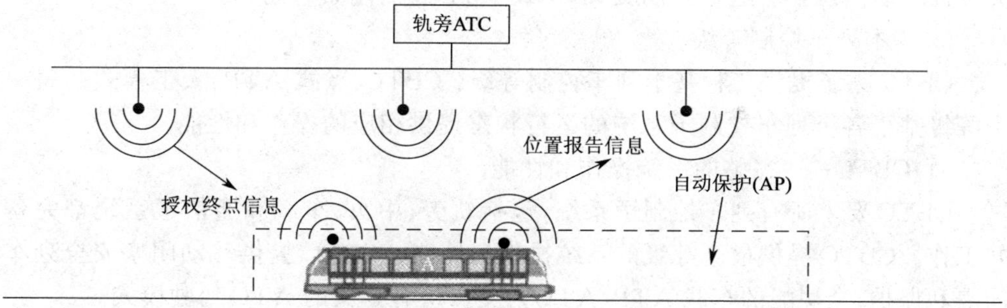

图 4-25 建立自动保护

晓任何时刻每列列车在线路上的位置,因此可进行列车间隔保护。轨旁 ATP/ATO 根据每个 AP 的位置和 CBI 发送的轨旁设备状态计算授权终点(ED)。作为对位置报告的响应,此授权终点消息发送给每列列车。此消息将列车不能越过的限制通知车载 ATP/ATO,还包括有关道岔位置或信号机状态等方面的变量信息。

指定列车的移动授权域定义为:在列车前搜索要保护的第一个点(如先行列车的 AP、反向进路、未检测的道岔等)。如图 4-26 所示,列车 A 发送一个位置报告,并收到一个授权终点信息。因此车载 ATP/ATO 了解其授权终点在列车 B 车尾的 AP 处。列车 B 授权终点是作为进路结束的红色信号。列车在此点以外不受保护。

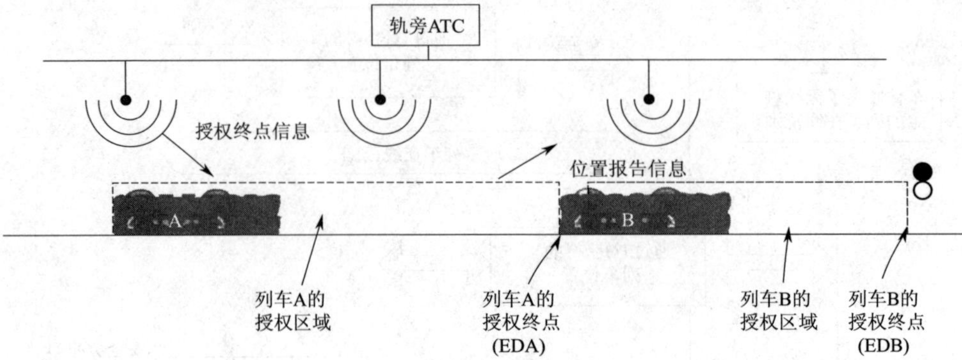

图 4-26 计算授权终点

(3)速度控制

作为对列车位置报告的响应,轨旁 ATP/ATO 计算授权终点。授权终点描述了将要受到保护的点。EDA 可能是先行列车的 AP 点。根据接收到的 EDA 和速度限制,下一列列车的车载 ATP 建立一个紧急制动曲线。ATO 或司机必须始终关注此制动曲线。若这些限制交叉,车载 ATP 将启动紧急制动。

5. 基本列车控制等级

CBTC 系统提供三种基本列车控制等级:CBTC、点式 ATP、人工模式。每一个等级基于各个列车控制子系统的运行状态提供相应的操作和性能。

(1)CBTC——完整的系统操作和性能

CBTC 要求所有列车控制子系统,包括轨旁、中央、车载和通信子系统都完备并工作。CBTC 提供最高等级的系统操作和性能。CBTC 提供移动闭塞安全列车间隔和保护,全功能的车载 ATP/ATO。支持所有定义的 ATC 驾驶模式。

(2)点式 ATP——降级的系统操作和性能

点式 ATP 提供正方向的车载超速防护(根据预先设定的最大限速)、冒进信号防护和 300 s 的运行间隔。点式 ATP 要求车载 ATP(包括所有的传感器)都在工作,并且轨旁联锁控制系统和定位信标(包括动态和静态信标)也工作。区域控制器、DCS(骨干网除外)和 OCC 则不需要工作。

(3)人工控制——最低等级的系统操作和性能

联锁控制提供固定闭塞列车间隔和联锁防护。不提供其他的 ATC 功能,提供 ATP 25 km/h 限速。除联锁外,不需要其他 ATC 子系统存在或工作。

6. 通信级别

通信级别分为三级:连续式通信级、点式通信级和联锁级。三级通信级别分别对应于三种基本列车控制等级。

(1)连续式通信级

在连续式通信级,系统提供基于移动闭塞原理的列车安全运行。轨旁到列车使用双向无线通信。列车通过检测和识别应答器来确定自己的位置。对列车进行连续控制。在 ATO 系统控车后(AM 模式),ATO 自动控制列车运行直到终点站。

在 SM 或 AM 驾驶模式下,列车以移动闭塞运行,保持列车间的安全距离。列车上有一个被称为线路数据库(TDB)的网络图,TDB 中包含应答器的位置数据。结合来自测速传感器和雷达的位移测量,每个车载 ATP 计算本列车的位置,该位置是列车在线路上的绝对位置,并通过连续通信发送位置报告给轨旁 ATP。轨旁 ATP 追踪列车,基于本列车和前行列车的位置报告和轨旁检测的空闲信息,评估所有列车的移动条件,并通过连续通信系统发送移动授权报文到车载 ATP。该移动授权符合移动闭塞原理的安全列车间隔,并且满足其他来自联锁的条件以及其他的防护点,比如防淹门的状态、道岔的状态。

联锁是底层的列车防护系统,也负责移动闭塞下的列车安全。ATP 负责列车间隔的安全职责,并连续监督联锁状态。当联锁条件不满足时,列车的移动授权不能越过信号机。同时,列车运行时连续地监督联锁条件。

(2)点式通信级

点式通信级作为连续式通信级的后备模式,在点式通信级,ATO 系统完全自动控制列车从一个车站运行至下一个车站(AM 模式)。此时,使用应答器进行轨旁到列车的通信。移动授权来自信号机的显示,并通过可变数据应答器由轨旁点式地传送到列车。列车在线路的定位与在连续通信级一样,考虑 TDB 中所有的详细线路描述,自动地服从所有的线路限速。

(3)联锁级

如果连续式或点式通信级故障,作为降级运行模式,可由信号机为列车提供全面的联锁防护。此时,没有轨旁到列车的通信。

7. 通信方式

无线通信方式有波导管、自由空间波和漏泄电缆等。前两种用得较多。

(1)波导通信

波导通信是利用波导管进行通信的方式。波导管是能传输电磁波的金属管,简称波导。波导用于连接各种微波元器件,相当于低频电路中的导线。由于集肤效应,同轴线的内导体电阻远大于外导体电阻。如果抽走内导体,在高频条件下,不仅可消除内导体及其支承介质的内损耗,还可提高场强和频率,而且外壁散热很快,这就大大提高了微波的极限传输功率。因此,一般大功率的微波传输都采用空腔的管状金属波导。波导有多种几何形状,一般为正方形或圆形截面。

波导裂缝天线的外形如图 4-27 所示,主要由裂缝波导、波型滤波器和辐射喇叭组成。裂缝波导是在波导管窄壁开一系列倾斜的窄缝,裂缝破坏了波导壁上超高频电流的径路,于是波导管内的电磁波就向外界空间辐射出去。每个裂缝相当于一个小天线,全部小天线组一个天线阵,具有很好的方向性。

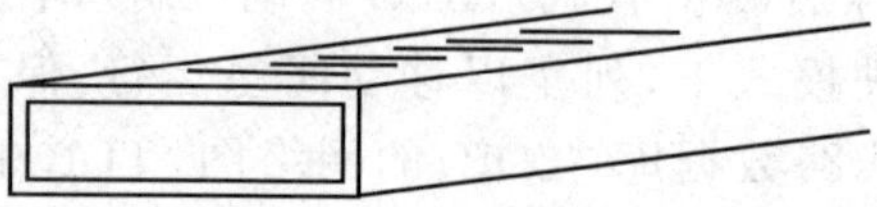

图 4-27　波导裂缝天线

经裂缝辐射的电场垂直于裂缝,由于裂缝是倾斜的,可分解为水平分量和垂直分量,如果水平分量形成发射电磁波的主瓣,垂直分量则形成旁瓣,应滤除之。波型滤波器是在每个裂缝外加一节波导,以导通水平分量,截止垂直分量。

辐射喇叭用来改善方向性和增加天线增益。

在地下部分,轨旁波导天线安装在隧道的顶部,在车站以及无法安装波导管的地方采用自由无线传输。在高架或地面部分,轨旁波导天线安装在走行轨的旁边。列车天线安装在车顶。轨旁传输设备安装间隔为 1 000 m 左右。

(2)空间自由波通信

空间自由波通信指的是直接在空间进行通信的方式。由轨旁无线单元和车载无线接收单元组成无线局域网,用以构成车地间的双向通信。

空间自由波通信系统由轨旁设备和车载设备组成。无线系统的结构如图 4-28 所示。

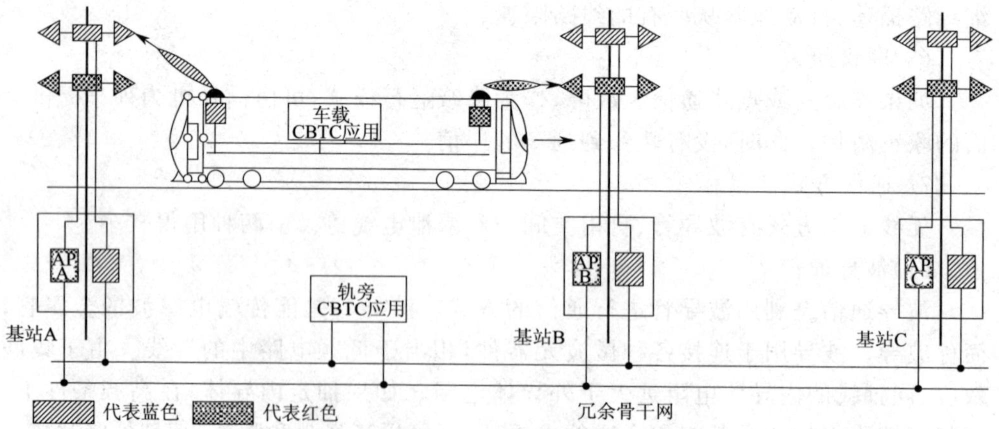

图 4-28　空间自由波通信系统的结构

轨旁设备由两个独立的冗余的无线网络组成。之所以采用两个无线网络,是为了保证传输的可靠性,在无线单元的交叉区域不中断通信,以及一个无线网络的某接入点故障情况下的持续通信。网络由与轨道沿线分布的天线和与骨干网相连接的无线接入点组成，用于车载系统和轨旁系统之间信号数据流的传输。

每个基站由与相关无线网络连接的接入点组成，接入点通过光纤与骨干网连接。每个接入点通过一个耦合器与两架天线连接，如图 4-29 所示。基站内，每个接入点都与一个光纤转换器连接，带有独立的电源。天线和耦合器安装在隧道侧面，必须满足限界要求，并保证车地通信的性能要求。

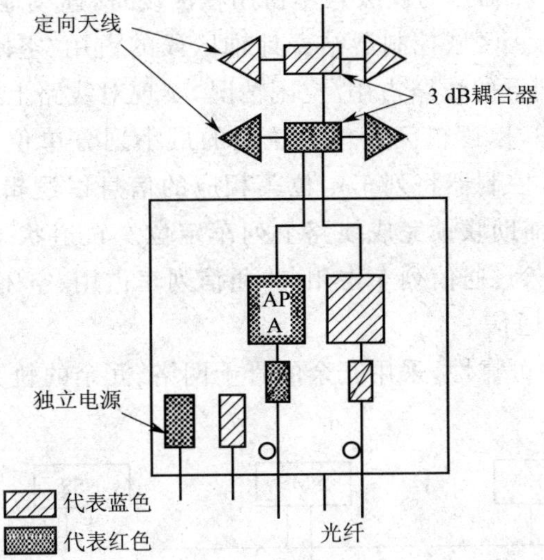

图 4-29　基站

8. 扩频跳频技术

在无线通信过程中，由于无线局域网是开放的，采用的是公共频道，所以存在严重的干扰。为了在强干扰条件下保证安全可靠地通信，普遍采用扩频跳频技术。

扩频(扩展频谱的简称)通信技术是一种信息传输方式。其系统占用的频带宽度远远大于要传输的原始信号带宽，且与原始信号带宽无关。在发送端，频带的展宽是通过编码及调制(扩频)的方法来实现的。在接收端则用与发送端完全相同的扩频码进行相关解调(解扩)来恢复信息数据。

扩频是将一个带宽比信息带宽宽得多的伪随机码(PN 码)对信息数据进行调制；解扩则是将接收到的扩展频谱信号与一个和发端伪随机码完全相同的本地码相关来实现的。

信息数据经过信息调制器后输出的是窄带信号，经过扩频调制(加扩)后频谱被展宽。在接收机的输入信号中混有干扰信号，经过扩频解调(解扩)后有用信号变成窄带信号，而干扰信号变成宽带信号，再经过窄带滤波器，滤掉干扰信号，从而降低了干扰信号的强度，改善了信噪比。

跳频是扩频最常用的方式。跳频是一种利用载波跳变实现频谱展宽的扩频技术。其方法是把一个宽频段分成若干个频率间隔(称为频道，或频隙)，在一伪随机序列的控制下，发射频率在一组预先指定的频率上按照所规定的顺序离散地跳变，扩展了发射信号的频谱。

9. 计轴设备

CBTC 系统配置计轴作为次级列车占用检测设备，连续地对线路的占用/空闲进行安全可靠的检测。区域控制器结合计轴区段的占用/空闲信息及列车位置信息确定在 CBTC 级别下的线路占用/空闲情况，实现对线路上运行列车的定位。

在 CBTC 系统中，以逻辑区段作为轨道的最小划分单位，将计轴区段划分为若干逻辑区段。区域控制器将列车定位等相应的信息以逻辑区段占用/空闲状态的形式发送给联锁，辅助联锁完成线路上列车定位。轨道状态根据逻辑区段占压列车的情况可以划分为：通信列车占用、非通信列车占用、空闲、故障。

10. 网络和数据通信

为了提高系统的可靠性，采用冗余的骨干网络、冗余的轨旁网络和冗余的无线网络，如图 4-30 所示。

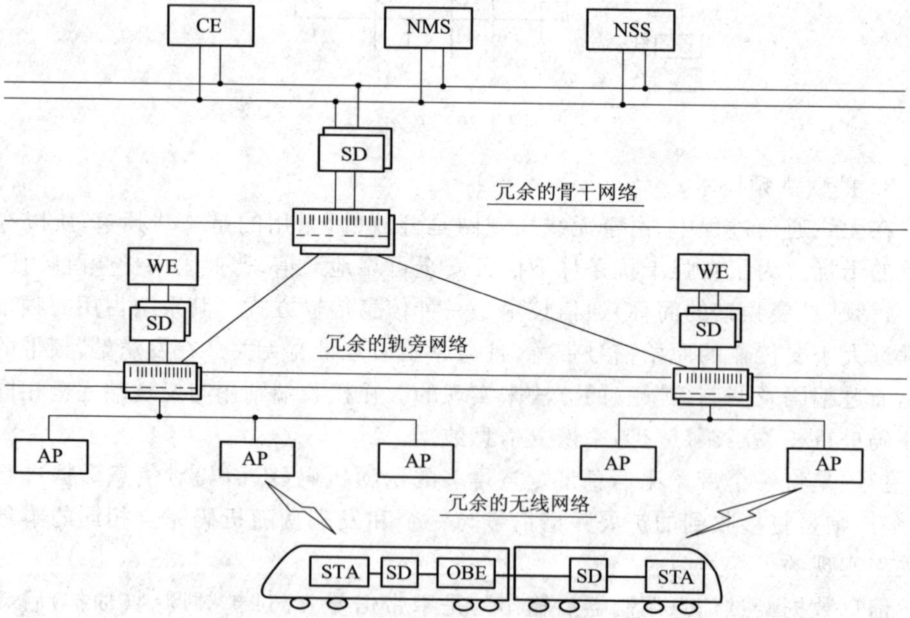

图 4-30 冗余的网络示意图

CE—控制设备；NMS—网管系统；NSS—网络支撑系统；WE—轨旁设备；AP—接入点；OBE—车载设备；SD—安全装置；STA—天线

有线网络采用冗余的电子装置、冗余的入网路径、冗余的环网结构，以及可选的光纤通路。

无线网络的 AP 重叠覆盖 4 条单独的接收信道，每 2 条连接到列车的一端冗余的车载无线设备。两套车载无线设备均与车载控制器连接，区域控制器通过两个轨旁无线设备向车载控制器传送报文。车载控制器也分别通过两个车载无线设备向区域控制器发送应答信息。轨旁无线蜂窝，以 100%的重叠率进行设计，保证在一个无线基站故障时，列车信号不丢失。

四、CBTC 系统举例

目前，我国城市轨道交通采用多种 CBTC 系统，现以 LCF-300 型 CBTC 系统为例。

LCF-300 型 CBTC 系统组成如图 4-31 所示。地面设备包括：ZC 子系统、用于定位及点式后备的应答器设备等。LCF-300 型 CBTC 系统车载设备包括：车载 ATP 子系统、车载 ATO 子系统、车载无线设备等。

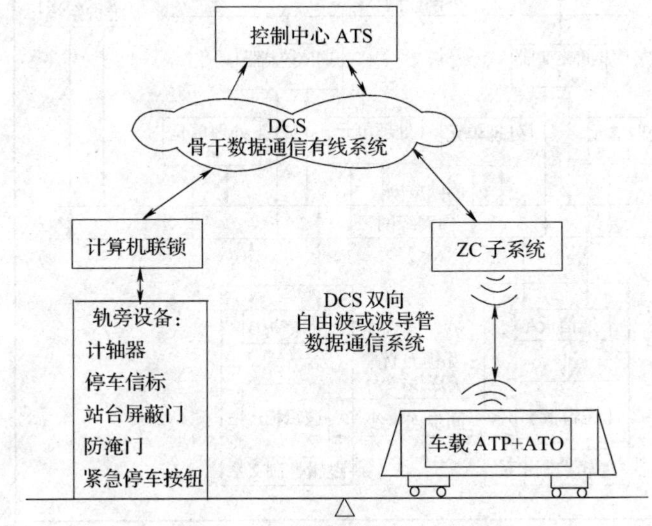

图 4-31　LCF-300 型 CBTC 系统

1. ZC 子系统

ZC 子系统从结构上分为 ZC 应用子系统、安全计算机平台和维护系统（ZCM）三部分。ZC 子系统是 CBTC 系统中 ATP 的轨旁部分，主要负责根据列车所汇报的位置信息以及联锁所排列的进路和轨旁设备提供的轨道占用/空闲信息，为其控制范围内的列车生成移动授权(MA),保证列车的安全运行,具备在各种列车控制等级和驾驶模式下进行列车管理的能力。

(1)ZC 子系统的功能

ZC 子系统的功能包括:计算列车安全位置、列车排序、更新轨道占用状态、信号机强制命令设置与处理、移动授权、列车注册、列车注销、列车管理数据库版本号比较、通信状态检测、时钟同步、提供维护数据。

(2)ZC 子系统的结构

ZC 子系统的结构如图 4-32 所示。

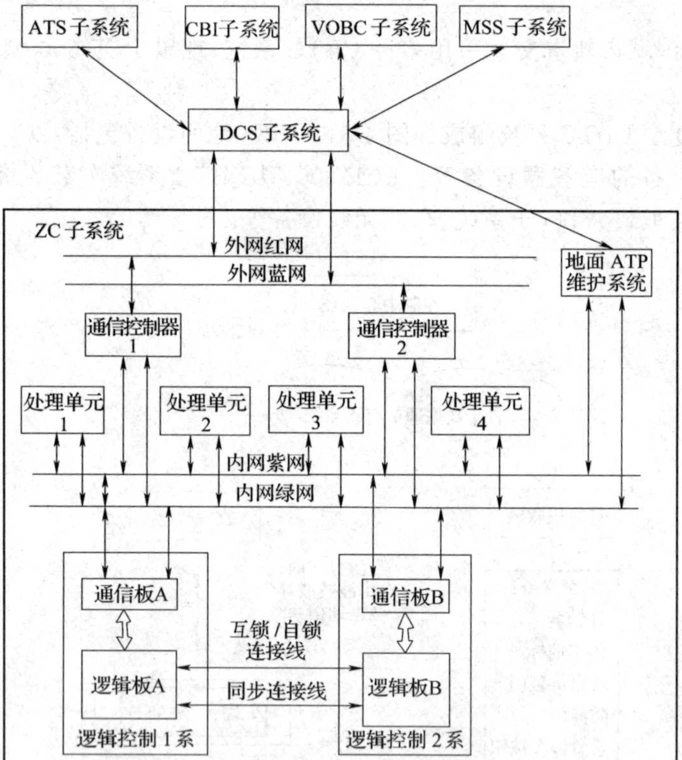

图 4-32 ZC 子系统的结构图

容错和安全管理层由两个逻辑控制(FTSM)单元组成,每个 FTSM 单元负责控制本系内双机的运行和与另一个 FTSM 单元共同控制两个通信控制器。两个 FTSM 单元相互作用来维持整个二乘二取二结构的正常运行。两个 FTSM 单元之间的互锁/自锁逻辑完成“主”、“备”转换,所以只要有 1 个二取二通道处于“正常”模式,2 个 FTSM 单元之间的互锁/自锁逻辑就可以“判决”出“主”通道。

(3)ZC 子系统通信网

如图 4-33 所示,ZC 子系统配置冗余的内部通信网络(内网)和外部通信网络(外网)。安全计算机平台通过冗余的 100 M 以太网(内网)进行内部设备之间的通信,完成安全计算机平台与内部设备之间的数据通信功能,接收来自内部其他设备的数据,并对数据的正确性、有效性和及时性进行判断,剔除非法的数据。

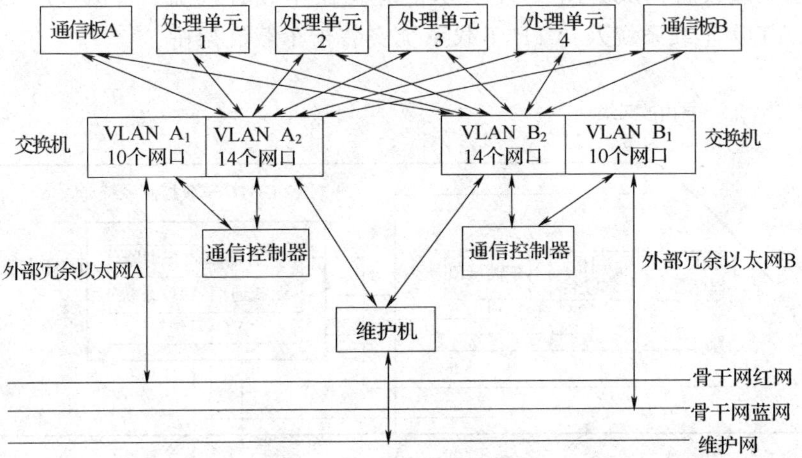

图 4-33 ZC 网络拓扑结构

内网和外网均采用冗余方式,都是由两条相互独立的 100 M 以太网构成的,因此一旦冗余网络中的一条网络发生故障,各子系统仍可以通过另一条网络进行通信。所有基于以太网的通信接口,均是采用安全通信协议进行通信,保证信息的可靠性和可用性。同时,出于冗余设计的考虑,设置了两个相互独立而功能相同的通信控制器。通信控制器分别向两系转发 CBTC 系统中的其他设备发送给 ZC 子系统的信息,从而完成外网和内网的信息的相互传递。通信控制器的存在,使 ZC 子系统对于 CBTC 系统中的其他设备而言,表现为单一的 IP 地址,同时通信控制器起到安全计算机平台内网与外网隔离的作用。

ZC 子系统的两个通信控制器对外通过冗余的红、蓝网接入 ATC 的骨干网,实现外部 ATC 设备的信息交换。

(4)ZC 维护子系统(ZCM)

ZCM 作为 ZC 子系统与维护系统(MSS)的交互接口,主要负责 ZC 子系统运行的相关维护数据传输以及 ZC 子系统的故障报警,为维修人员及时提供 ZC 子系统的运行状态和报警信息,并提供故障处理帮助信息。

2. VOBC 子系统

VOBC 系统包含 ATP 车载系统(含数据记录系统)、ATO 车载系统和 MMI 系统。

(1)LCF-300 型 CBTC 车载系统的构成

车载控制系统安装在每列车的两端,两端的车载设备配置完全一样,两端设备通过通信线互连,可以实现它们之间的通信以及无线通信的双路冗余。

一端车载设备构成如图 4-34 所示。应答器车载查询器(BTM)、DCS 无线通信系统、ATO 车载系统及 ATP 车载系统安装于车载支架中。

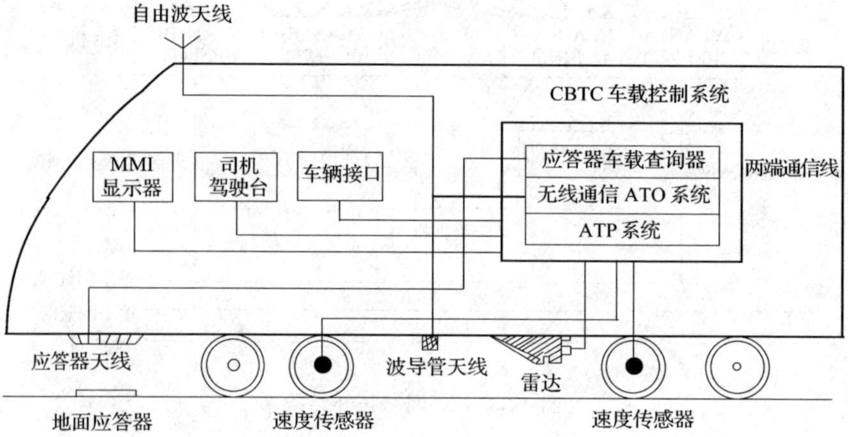

图 4-34 车载设备构成

(2)车载 ATP 系统

在列车两端各安装一套设备,两端通过通信线进行连接。ATP 系统采用了三取二技术,无须采用列车两端冗余,提高了系统的可靠性、安全性、可用性。

选择三取二结构来完成容错、安全的车载运行控制功能。系统具有三路独立的输入、输出、主处理单元,每路的电源也独立设置。

对于数字量、模拟量、脉冲量输入信号,可以采用多重模块结构的输入接口电路,即输入的传感器信号分成 3 路,直接送入 3 个通道的信号调整、隔离电路,然后分别通过扩展总线送到 3 个运算处理单元。

对于数字量输出,采用三取二表决器输出方式,当然 3 个运算处理单元输出的自诊断看门狗信号,分别通过动/静信号变换电路变换后,也进行三取二表决,其输出控制数字量输出表决器的电源供给来保证故障—安全控制,如图 4-35 所示。

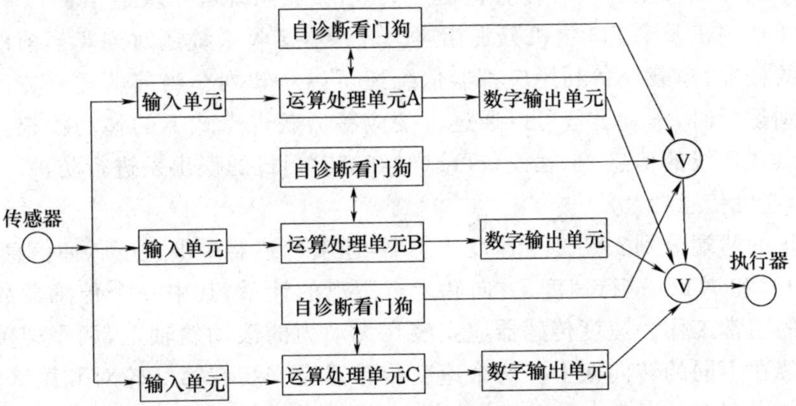

图 4-35　三取二结构的输入和数字量输出结构

车载 ATP 系统实现与车辆制动装置的可靠接口，保证对列车实施连续有效的控制。车载 ATP 系统向车辆监控设备提供控制车辆牵引及制动信号执行终端的监控接口。

(3)车载记录系统

车载记录系统位于车载 ATP 插箱中，主要实现各子系统（含 ATP、ATO、MMI、无线通信系统）的运行数据和故障报警数据的记录，可通过 USB 接口将数据转储到地面计算机进行后续的分析处理，以便维护人员进行在线诊断、维修。

(4)车载 ATO 系统

车载 ATO 系统主要完成的是非安全功能，故未采用冗余设计，但若处于人工驾驶模式或不满足 ATO 的启动条件，即使 ATO 故障，ATP 也能将 ATO 所有的输出切除掉，使 ATO 不干扰正常的司机驾驶。当 ATO 设备在运行过程中发生故障，ATP 也能立即发现，并立即切除 ATO 的控制，保证系统的安全。

(5)车载无线通信系统

在列车两端均安装无线自由波与波导管网络设备，包括无线接收的天线和波导管的接收天线。两端的无线网络设备分属于两个独立的无线网络系统，任意一个网络发生故障，整个系统均能够继续保持正常工作。无线网络系统与 ATP 系统进行双向通信。

(6)MMI 系统

MMI 系统是显示单元，为带触摸屏的显示器。司机可以通过 MMI 显示器查看列车当前的运行状态，通过触摸屏进行操作以及设置某些参数。

(7)应答器车载查询器(BTM)

列车的两端都安装应答器查询器及天线，接收系统有 4 块通信板与车载 ATP 系统的 3 个主机及 ATO 主机分别相连。应答器接收系统还对列车当前的位置进行精确的校准，车载设备利用应答器信息还可以获知列车当前的运行方向。在以点式级别运行时，车载设备可以通过可变应答器获得点式下的移动授权。通过接收地面点式环线的信息，车载设备可以对红灯时司机的误出发进行防护。

(8)速度传感器

列车的两端分别安装 2 个速度传感器，速度传感器提供速度脉冲信息，经处理后由 ATP 和 ATO 进行速度、方向和走行距离的计量，其中一个传感器故障不影响系统的正常工作。速度传感器应安装在无动力的滚动轮轴上，两个速度传感器应该安装在不同的转向架上。两个速度传感器应安装在第 2 轮对和第 3 轮对上，可以安装在列车的两侧。

(9)雷达

为了对列车的速度和位置进行精确测量，防止列车空转打滑的影响，在列车两端分别安装了一个雷达传感器。雷达安装于列车底部，必须安装在轨道扣件的上方，靠钢轨的内侧。

3. 数据通信子系统(DCS)

ATP 信息传输为连续的数字传输方式，所有正线车站的线路、折返线、停车线、车辆段/停车场的转换轨及试车线应通过车地双向通信，实现列车的停准控制功能。数据通信子系统由 ATC 骨干网和 ZC 网、ATS 网、CBI 网、维护网等组成。其中骨干网和 ZC 网、ATS 网、CBI 网、维护网均为有线通信网，ZC 与 VOBC 之间采用无线通信网。除了维护网外，都为双网。

ATC 骨干网为光纤网，采用 SDH 技术，其他有线网在 SDH 节点与 ATC 骨干网连接。

ATP 子系统应具备与其他相关子系统的通信功能，并应监督与其他子系统的通信状态，在发生通信故障时实施紧急制动以保证列车的安全运行。

ZC 子系统通信网和车载无线通信系统之间采用无线自由波(地下段)与波导管(地面段和高架段)传输。

(1)ATS 通信网

ATS 通过以太网接口连接到正线/车辆段/停车场计算机联锁系统。ATS 与联锁系统采用直接连接的方式，通过车站分机直接连接联锁的上、下位机。

ATS 通过以太网接口连接到 ATP/ATO 系统。

ATS 通过以太网接口连接到 MSS 系统，向 MSS 报告 ATS 的设备状态。

ATS 子系统在控制中心通过通信前置机为综合监控系统提供两路以太网接口。ATS 子系统通过串行通信口连接到无线通信系统、时钟同步系统、乘客信息系统。

(2)CBI 网络

CBI 网络如图 4-36 所示，联锁子系统配置两套冗余的通信传输通道：一套用于 ATS 子网；一套用于 ATP/ATO 子网。ATP/ATO 子网实现和地面 ATP/ATO 之间的安全信息交换、和车载 ATP/ATO 之间的安全信息交换、相邻设备集中站 CBI 之间的信息交换。ATS 子网实现：CBI 和现地控制工作站之间的信息交换、现地控制工作站和 ATS 之间的信息交换、现地控制工作站和 SDM(联锁维护工作站)之间的信息交换、CBI 和 SDM 之间的信息交换、设备集中控制站 CBI 和非设备集中控制站现地控制工作站的信息交换。

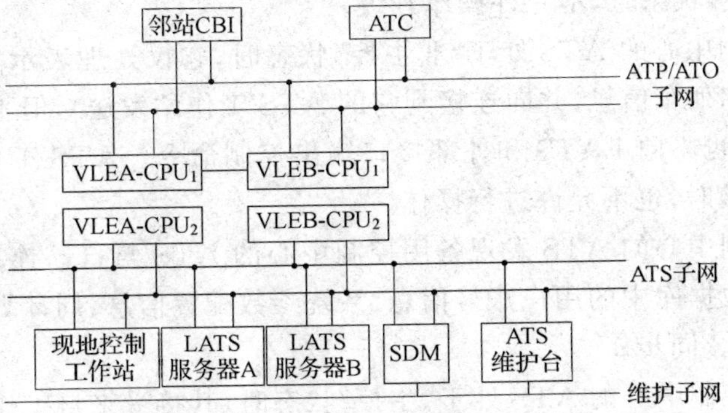

图 4-36　CBI 网络

LATS—车站 ATS；VLE—安全逻辑处理器

联锁机、现地控制工作站和系统维护台各提供两个网络接口，接入冗余的 ATS 子网，实现相互之间信息交换。同时，通过通信接口节点接入 ATC 骨干网，实现和控制中心 ATS 之间的信息交换。联锁 A/B 机通过另外独立的两个网口接入冗余的 ATP/ATO 子网，通过通信接口节点接入 ATC 骨干网，实现和地面 ATP/ATO、车载 ATP/ATO、相邻 CBI 之间的信息交换。这两套通信传输通道，均采用冗余的方式。网路链接状态信息传递给 SDM 子系统，便于现场人员及时查询和维护。设备集中控制站 SDM 提供一个网络接口直接连接至维护子网，实现和维修中心 MSS 子系统的通信。

4. 主备用控制中心的切换

ATS 子系统包括两个控制中心：主用控制中心和备用控制中心。备用控制中心位于车辆段，其主要功能是在主用控制中心故障的情况下接管全线控制权，实现对全线的运营调度管理。在主用控制中心正常的情况下，作为备用服务器，对全线设备进行监控。也可以切换至培训模式，对调度员进行离线培训。

每个控制中心可能处于两个状态“主控”、“非主控”。“主控”代表该控制中心

ATS执行对线路的管理。“非主控”代表该控制中心ATS只执行对线路状态的监视，不承担任何控制功能。各地的ATS工作站可以选择连接到主用控制中心的ATS还是连接到备用控制中心的ATS。ATS工作站/终端会显示当前连接到哪个控制中心的ATS，以及该控制中心ATS处于“非主控”状态还是“主控”状态。

当每个控制中心的ATS启动后，初始都处于“非主控”状态，当指定的用户登录工作站后，可以操作连接的控制中心ATS从“非主控”升级为“主控”，该操作需要输入一个特定密码并在ATS服务器进行密码验证。当ATS工作站连接到一个控制中心ATS，操作从“非主控”升级为“主控”，该控制中心ATS检查与另一个控制中心ATS的连接，如果与另一个控制中心ATS有连接，并且另一个控制中心ATS处于“主控”状态时，不允许操作升级。

当一个控制中心的ATS处于“非主控”状态时，它仅处理表示功能（接收来自LATS的站场和列车信息，并向连接到它的ATS工作站发送），但不处理来自工作站的操作命令，也不向LATS和外部接口输出控制命令。ATS工作站当与“非主控”的ATS连接时，也不允许进行操作。

当主用控制中心的ATS发现备用控制中心的ATS与自己连接上时，主用控制中心将自己数据库中的用户账号信息、系统参数配置信息、周计划使用配置向备用控制中心ATS同步。

仅有主用控制中心的ATS处于“主控”状态时，其接受来自工作站的管理用户账号，修改系统参数的操作。保存修改结果，并将更新后的用户账号、系统参数信息向备用控制中心ATS同步。

计划员编制完离线运行图后，可以选择同时向两个控制中心ATS的数据库上传。

两个控制中心的通信前置机都同时连接两个控制中心的ATS，保证与外部接口的功能不受控制中心ATS“主控”、“非主控”切换的影响。

复习思考题

1. 简述ATC系统的组成和功能。
2. 固定闭塞、准移动闭塞、移动闭塞有何异同？比较它们的优缺点。
3. 移动闭塞有哪些特点？有哪些技术优势？
4. 简述点式ATC系统的结构和工作原理。
5. 速度码系统和距离码系统有何异同？
6. 如何选用ATC系统？

7. ATC 系统有哪些运用模式？如何转换？

8. ATC 系统有哪些驾驶模式？如何转换？

9. 试车线设备如何配置？有何作用？

10. 什么是 ATP？ATP 由哪些设备组成？

11. ATP 有哪些主要功能？

12. 简式 ATP 的工作原理。

13. 何为目标速度和目标距离？两者有何区别？

14. 分级制动和一次制动有何不同？

15. 测速、测距如何进行？

16. 如何实现定位停车？

17. 什么是 ATO？ATO 由哪些设备组成？

18. ATO 有哪些主要功能？

19. 简述 ATO 的工作原理。

20. ATO 与 ATP 的关系如何？

21. 什么是 ATS？ATS 由哪些设备组成？

22. ATS 有哪些主要功能？

23. ATS 如何进行自动列车跟踪？如何自动排列进路？如何进行时刻表处理？如何进行列车运行自动调整？

24. ATS 正常运行时和故障运行时有何区别？

25. 基于轨道电路的 ATC 系统的轨道电路有哪些作用？各在什么情况下起作用？

26. 简述基于轨道电路的 ATC 系统的组成。

27. 什么是 CBTC？有哪些优越性？

28. 采用轨间电缆的 CBTC 和采用无线通信的 CBTC 有何异同？

29. 在 CBTC 中列车如何定位？如何进行车地通信？

30. CBTC 有哪些控制等级？各在什么情况下使用？

第五章

单轨交通信号系统

跨坐式单轨交通方式以高强度混凝土梁(PC 梁或 RC 梁) 及少部分钢质箱体梁作为车辆运行的轨道;道岔采用关节型道岔或可挠型道岔;车辆采用跨坐式单轨车,车辆的走行轮、导向轮和稳定轮均采用充气橡胶轮胎。单轨交通方式占地面积少、爬坡能力强、转弯半径小,非常适合山高坡陡、弯多路窄的地形条件。由于取消了传统的钢轨和钢轮,大大减少了车轮与钢轨间的噪声,从而改善了城市公共环境。为了检测列车占用情况以及对列车进行控制,单轨交通采用 ATP 车载及轨旁设备,以及联锁设备和防误出发设备。

第一节　单轨交通信号设备

一、单轨交通 ATC 系统主要设备

单轨交通 ATC 系统由列车自动防护 (ATP)及列车位置检测(TD)子系统、计算机联锁(CBI)子系统和列车自动监控(ATS)子系统 3 部分构成。

1. ATP/TD 系统

引进具有实际运营经验和成熟技术的日本单轨交通 ATP/TD 系统。它采用基于轨道环线的感应技术,实现列车运行超速防护和列车在线位置检测,能确保列车高速、高密度、安全可靠地运行。

2. CBI 系统

采用 TYJL-Ⅱ型计算机联锁系统,实现道岔、进路、信号相互之间的联锁,确保行车安全。

3. ATS 系统

对其控制范围内的列车群进行控制、监视和管理,具有实时、高可靠、高安全、高可用性的特点,做到不间断地全天候工作。

4. 防误出发设备

在车辆段每一股道出段信号机前方区段,设置防误出发设备,由安装于室内的防误出发信号发送器,向室外的 TD 环线上叠加防误出发信号。

当出段信号机关闭时，防误出发设备向每一股道的 TD 环线发送“M”信号，使列车启动 ATP 车载设备，列车以 7 km/h 的速度行驶。此时若列车错误出发越过信号机，因信号机后方区段是 ATP 区域，车载 ATP 设备从有码变无码，列车将实行紧急制动。

当出段信号机开放时，防误出发设备向其前方股道的 TD 环线发送“X”信号，使列车切断 ATP 车载设备，以 15 km/h 的速度行驶并越过信号机。

当地面防误出发发送设备故障、TD 环线故障、车载 ATP 设备故障或在无限制人工驾驶模式下，将失去防误出发功能。

二、道岔控制

单轨道岔由 4～5 节箱型钢梁连接组成，以道岔梁整体移动的方法构成列车运行的进路。单轨交通将道岔的监控和转换进行分工，由信号系统负责道岔的监控，由道岔系统负责道岔的转换和机械锁闭。

信号系统的联锁设备需进行特殊处理，解决三开、五开道岔的联锁关系以及道岔转换时间延长的问题。信号系统负责向道岔系统提供道岔转换的目标位置信息、现场操作授权信息和 DC 24 V 表示电源等。道岔系统向信号系统提供道岔位置的表示信息、现场操作交权信息、道岔故障信息。

三、单轨交通信号系统的特点

单轨交通信号系统具有以下特点：

(1)单轨交通取消了钢轮和钢轨，传统的依靠钢轨传递 ATP 信息和获得列车位置信息的方法已不再适用，必须采用特殊的方式来传递信息和检查列车的位置。

(2)单轨交通除使用单开道岔外，还使用三开、五开道岔，采用高架线路，道岔非接通位置是悬空的，因此在联锁系统和道岔控制系统中必须进行特殊处理和合理分工，才能确保行车安全。

(3)轨道大部分采用高强度混凝土梁，在制作时对信号设备安装和敷设管线的部位，必须进行预留和预埋。

(4)高架线路上信号设备的施工和维护全部采用作业车进行。

第二节　单轨交通 ATP/TD 系统

一、ATP/TD 系统功能

1. 列车位置检测

ATP/TD 系统的车载设备通过列车头部和尾部的天线，分别向轨道环线连续发送不同频率的信号，由地面设备接收解码，并利用逻辑判断电路进行处理，确定列车的在线位置。

2. 列车运行超速防护

ATP/TD系统的地面设备通过设置于轨道梁两肩部的轨道环线，向列车连续发送速度控制信息，由ATP系统的车载设备根据接收到的速度控制信息，连续控制车辆的运行，实现列车的间隔保护和超速防护。

二、系统构成

1. ATP/TD地面设备

ATP/TD地面设备主要由联锁编码单元、轨道继电器、发送设备、TD接收设备、匹配单元、匹配变压器和电缆环线等组成，如图5-1所示。

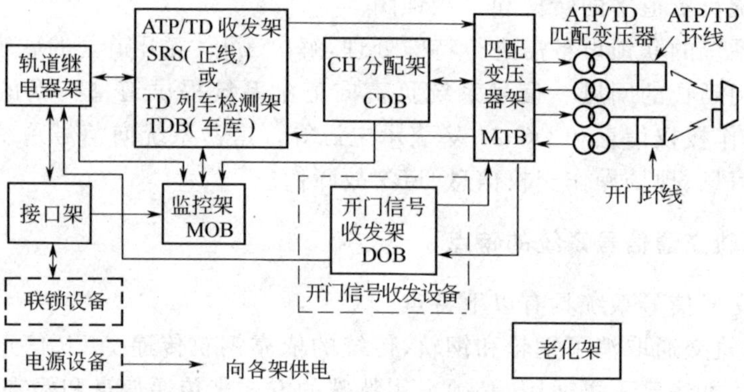

图5-1 ATP/TD地面设备构成图

2. ATP/TD车载设备

ATP/TD车载设备主要由接收天线、匹配变压器、公共单元、接收单元、TD信号发送单元、ATP放大单元及ATP/TD继电器单元等组成，如图5-2所示。

三、工作原理

1. 列车位置检测

单轨交通不能按传统的轮轨式轨道电路方式来检测列车占用情况，而是在PC梁或钢箱梁面上预埋轨道环线，利用轨道环线与车载设备共同作用完成列车占用检测任务。在列车没有压入该环线区段时，地面环线接收设备可以接收到TD检查信号而使环线继电器吸起，表明该环线区段没有被列车占用。一旦列车占用该环线区段，列车车头和车尾不断发送的TD调制信号将会叠加到地面环线上，使得

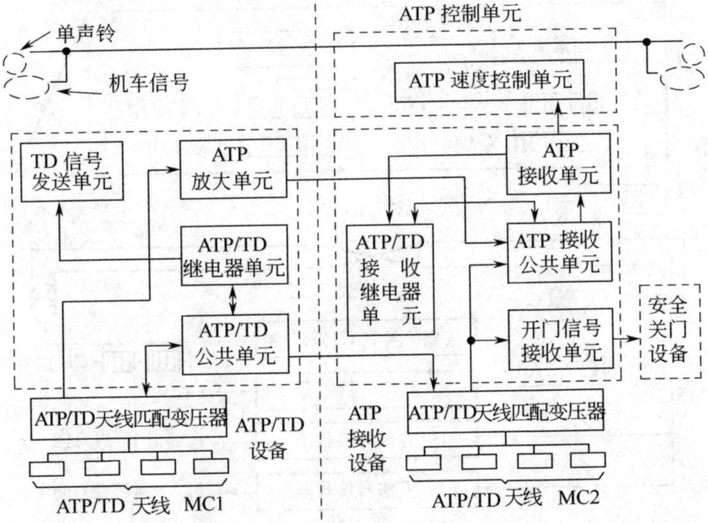

图 5-2　ATP/TD 车载设备构成图

地面环线接收设备不能正常工作，环线继电器落下，表明环线被列车占用。通过地面和车载设备的配合使用，可以检测列车占用情况。

(1)TD 系统组成

列车位置检测由列车两端的 TD 发送设备和地面的发送、接收设备共同完成。TD 地面设备发送校核信号(CH)，检查环线的完整性。CH 信号的载频为 14.25 kHz，调制信号为 97 Hz，采用梯形波调幅方式(PWD)。

车辆两端的 TD 发送设备分别向轨道梁上的环线发送 f_1、f_2 信号。其中 f_1 为 13.5 kHz，调制频率为 112 Hz；f_2 载频 15.0 kHz，调制频率为 112 Hz，也采用梯形波调幅方式(PWD)。

TD 系统组成如图 5-3 所示。

(2)TD 系统工作原理

每个环线区段设地面 TD 检查(频率检查)继电器 CH、车载 TD 信息检查继电器 F_1R 和 F_2R 及环线轨道继电器 TR。当列车尚未占用环线区段时，CH ↑ → TR ↑；当列车头部进入环线区段时，F_1R ↑ → CH ↓ → TR ↓；当列车完全进入环线区段时，F_1R ↑ 和 F_2R ↑ → CH ↓ → TR ↓；当列车头部离开环线区段时，F_2R ↑ → CH ↑ → TR ↑；当列车完全离开环线区段时，CH ↑ → TR ↑，电路恢复正常。

在列车出清环线区段时，利用本区段 F_2R 缓放时间进行检查，若相邻下一区段 F_2R 可靠吸起条件(表明列车已经进入下一环线区段)，以及本区段 CH 可靠吸起条件(说明列车已经完全出清本环线区段)均具备时，TR 吸起。可见，其具有一

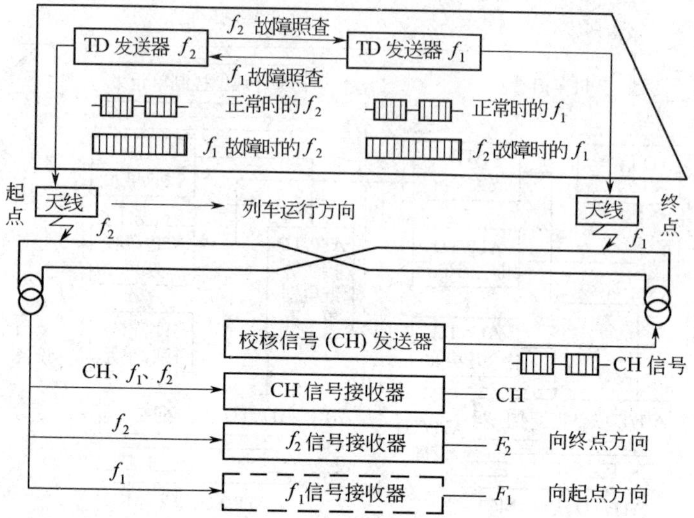

图 5-3　TD 系统组成图

定的时间逻辑顺序关系，对各继电器吸起、落下时间要求很严，$F_1R(F_2R)$缓放时间必须大于 CH 可靠吸起时间及 $F_1R(F_2R)$可靠吸起时间之和，才能确保 TR 可靠工作。若其中某一环节故障，则其后各环线 TR 均不能可靠工作。

(3)TD 系统故障—安全设计

单轨交通因需列车头、尾部发送设备与地面设备共同作用才能完成列车占用检查任务，故必须认真设计其故障—安全性能。

若某一轨道环线区段发送、接收、环线之间出现断线或地面 TD 发送设备故障，则 TR↓，故障导向安全，列车压入的后续轨道环线区段的轨道继电器均不能正常吸起，此类故障容易发现。若列车头部车载 TD 发送设备故障，则当列车压入轨道环线区段时，该区段 CH 不会落下，直到列车完全进入该区段，列车尾部车载 TD 发送设备发码起作用时，TR 才落下，这种情况很危险。若列车尾部车载 TD 发送设备故障，则会使本环线区段 TR 及后续区段 TR 不能正常吸起，此情况故障导向安全，也易被发现。若列车头、尾部车载 TD 发送设备均故障，则除列车故障时所压入环线区段 TR 不能正常复原外，其后续压入区段 TR 均不会落下，不能检测列车的具体位置，造成列车占用无显示，此类故障最危险。

可见，列车车载 TD 发送设备故障危害较大。为了解决列车车载 TD 发送设备故障时的安全问题，要求：

①为了提高系统可靠性，所有设备均采用双套冗余结构。

②列车头、尾部车载 TD 发送设备相互检测，任一侧发送设备故障均告警，而另一侧 TD 信号由调幅波切换为连续波，以便将车上装置异常情报传送到地面，同

时接通制动系统让列车停车，确保行车安全。

③列车头、尾部车载 TD 发送设备使用两套不同电源(DC 100 V 和 DC 24 V)，且 DC 100 V 具有 5 s 延迟时间，以便两套发送设备可以形成闭环检测。

④采用后方保护，由于列车头、尾部车载 TD 发送设备同时故障，其所在区段的轨道继电器就会失去励磁的时机，尽管故障后所经过的区段无法检测列车的实际位置，但列车后方始终有一区段是红光带，阻止了后续列车的进入，实现了后方保护，使故障导向安全。

(4)TD 预置(轨道区段故障解锁)

与一般轨道电路不同，环线轨道电路对列车的占用/出清检查是通过逻辑电路来实现的。该逻辑电路具有记忆功能。为确保安全，在停电或故障时所有区段都设置为列车在线(占用)。因此，在开机和故障恢复时，需对列车在线的情况进行确认后，再对 TD 设备进行恢复，这就需要对 TD 设备进行预置。

由于 TD 预置时，将轨道区段人为地设置为有车或无车，存在安全隐患。因此必须对 TD 预置按钮进行加封，采取严格的限制和特别的管理。

2. 列车速度防护

ATP 地面设备根据位置、线路占用/出清等情况选择限制速度信号，并将其发送给轨道环线。ATP 车上设备通过列车的天线接收信号并解码，一方面使车载信号速度灯点亮，另一方面将列车速度限制的信息传给 ATP 控制装置。

地面 ATP 控制信号，分上、下行方向，上行载频频率为 21 kHz，下行为 20 kHz，在送电端叠加发码。与 TD 检查发送共用同一环线，利用环线向列车传递地面 ATP 信息。其工作原理与传统轮轨式轨道电路一样。

(1)低频信号及意义

ATP 低频调制信号共 12 个频率，它们的意义见表 5-1。

表 5-1　低频信号的意义

低频信号(Hz)	信号种类	信号显示	限制速度(km/h)	用　途	制动方式
16	75 信号	75	75	最高限制速度	最大常用制动
19	65 信号	65	65	中等限制速度 曲线限制速度	最大常用制动
22	60 信号	60	60	中等限制速度 曲线限制速度	最大常用制动
25	50 信号	50	50	中等限制速度 曲线限制速度	最大常用制动
28	45 信号	45	45	中等限制速度 曲线限制速度	最大常用制动

续上表

低频信号(Hz)	信号种类	信号显示	限制速度(km/h)	用　途	制动方式
31	35 信号	35	35	中等限制速度 曲线限制速度	最大常用制动
34	25 信号	25	25	中等限制速度 曲线限制速度 道岔限制速度	最大常用制动
41	S25 信号	S 25	25	调车作业限制速度	最大常用制动
54	S15 信号	S 15	15	调车作业限制速度	最大常用制动
63	X 信号	X	15	转换区限速 非 ATP 区段限速	最大常用制动
72	M 信号	M	5	防止误发车 限制速度	最大常用制动
78	01 信号	01	0	停车	最大常用制动
	无信号	02	0	停车	紧急制动

(2)运行模式

列车运行模式不同,机车信号、提示音响、速度校核单元的动作也不一样。运行模式有 5 种:

①ATP 监督下的人工驾驶模式,采用车载信号运行模式。

②调车模式,带机车信号显示。

③非 ATP 区段限制人工驾驶模式,用于车辆段,按调车信号机显示运行。

④ ATP 区段的限制人工驾驶模式,用于 ATP/TD 接收系统故障、ATP 地面设备故障的情况下。该模式下系统监视列车速度,只检测 15 km/h 的限制速度。

⑤非限制人工驾驶模式,用于其他代用闭塞系统的运行模式,ATP 装置切除时,按规定的模式运行。

复习思考题

1. 单轨交通 ATC 系统由哪些设备组成?
2. 单轨交通信号系统有哪些特点?
3. ATP/TD 系统有何功能?
4. 简述 ATP/TD 系统的构成和工作原理。
5. ATP/TD 系统如何进入速度防护?

参 考 文 献

[1] 林瑜筠．城市轨道交通信号(第三版)[M]. 北京:中国铁道出版社,2015.

[2] 上海申通地铁集团有限公司轨道交通培训中心．城市轨道交通信号技术[M]. 北京:中国铁道出版社,2014.